Manual prático de escrita
em português

Developing Writing Skills
in Portuguese

Manual prático de escrita em português/Developing Writing Skills in Portuguese provides intermediate- and advanced-level students with the necessary skills to become competent and confident writers in the Portuguese language.

With a focus on writing as a craft, *Manual prático de escrita em português* offers a rich selection of original materials including narrative texts, expository essays, opinion pieces and newspaper articles. Each chapter covers a specific kind of writing and is designed to help tackle the material in small units.

The book aids students in crafting clear, coherent and cohesive texts by means of guided practice and step-by-step activities.

Suitable for use as a classroom text or as a self-study course, this book is ideal for students at level B2 – C2 of the Common European Framework for Languages or at Intermediate High – Advanced High on the ACTFL proficiency scales.

Javier Muñoz-Basols is Senior Instructor in Spanish and Language Coordinator at the University of Oxford.

Yolanda Pérez Sinusía teaches Spanish at the Official School of Languages "Jesús Maestro" in Madrid.

Marianne David teaches Spanish at Trinity School in New York.

Clélia F. Donovan is Lecturer and Portuguese Language Coordinator at the University of California, Berkeley.

Developing Writing Skills

The books in this series provide intermediate and advanced level students with the necessary skills to become competent and confident writers. Presenting a wide range of authentic written materials, these books aim to develop reading strategies and the ability to write texts in various styles and genres.

Developing Writing Skills in French
Graham Bishop and Bernard Haezewindt

Developing Writing Skills in German
Edited by Annette Duensing And Uwe Baumann

Developing Writing Skills in Italian
Theresa Oliver-Federici

Developing Writing Skills in Spanish
Javier Muñoz-Basols, Yolanda Pérez Sinusía and Marianne David

Developing Writing Skills in Arabic
Taoufik Ben Amor

Developing Writing Skills in Chinese, 2nd Edition
Boping Yuan and Kan Qian

Manual prático de escrita em português/Developing Writing Skills in Portuguese
Javier Muñoz-Basols, Yolanda Pérez Sinusía, Marianne David and Clélia F. Donovan

For more information about this series, please visit: www.routledge.com/Developing-Writing-Skills/book-series/WRITINGSKILLS

Manual prático de escrita
em português
Developing Writing Skills
in Portuguese

Javier Muñoz-Basols, Yolanda Pérez Sinusía,
Marianne David and Clélia F. Donovan

LONDON AND NEW YORK

First published 2020
by Routledge
2 Park Square, Milton Park, Abingdon, Oxon OX14 4RN

and by Routledge
52 Vanderbilt Avenue, New York, NY 10017

Routledge is an imprint of the Taylor & Francis Group, an informa business

© 2020 Javier Muñoz-Basols, Yolanda Pérez Sinusía, Marianne David and Clélia F. Donovan

The right of Javier Muñoz-Basols, Yolanda Pérez Sinusía, Marianne David and Clélia F. Donovan to be identified as authors of this work has been asserted by them in accordance with sections 77 and 78 of the Copyright, Designs and Patents Act 1988.

All rights reserved. No part of this book may be reprinted or reproduced or utilised in any form or by any electronic, mechanical, or other means, now known or hereafter invented, including photocopying and recording, or in any information storage or retrieval system, without permission in writing from the publishers.

Trademark notice: Product or corporate names may be trademarks or registered trademarks, and are used only for identification and explanation without intent to infringe.

British Library Cataloguing-in-Publication Data
A catalogue record for this book is available from the British Library

Library of Congress Cataloging-in-Publication Data
A catalog record for this book has been requested

ISBN: 978-1-138-29054-9 (hbk)
ISBN: 978-1-138-29055-6 (pbk)
ISBN: 978-1-315-26614-5 (ebk)

Typeset in Helvetica Neue
by Apex CoVantage, LLC

 Printed in the United Kingdom
by Henry Ling Limited

Contents

Acknowledgements		**viii**
Introduction		**ix**

Capítulo 1 — O texto narrativo (*Narrative writing*) — 1

Em que consiste?	1
1 Textos narrativos de caráter não literário	1
2 Os textos narrativos literários	11
3 Características do texto narrativo	13
O espaço	14
O tempo	15
O foco narrativo e o narrador	18
As personagens	19
A ação	23
4 A intertextualidade	26
5 A fase de criação	28

Capítulo 2 — O texto descritivo (*Descriptive writing*) — 29

Em que consiste?	29
1 A descrição e seu contexto	29
2 A colocação do adjetivo (I)	36
3 A posição do adjetivo (II): adjetivos antepostos e pospostos que mudam de significado	40
Adjetivos antepostos e pospostos	40
Adjetivos que sempre vão antepostos	43
4 A descrição nos textos não literários	44
5 A descrição nos textos literários	46
6 Tipos de descrição literária	49

Contents

Capítulo 3   O texto expositivo (*Expository writing*)   54

Em que consiste?	54
1 O planejamento do texto expositivo	55
2 A estrutura geral do texto expositivo: a introdução e a conclusão	56
3 A estrutura interna do texto expositivo: o parágrafo	59
4 Características do texto expositivo	61
Características morfossintáticas	61
Características léxico-semânticas	62
Características pragmáticas	65
Características fônicas	66
5 Estratégias discursivas para elaborar textos expositivos	66

Capítulo 4   O texto argumentativo (*Persuasive writing*)   70

Em que consiste?	70
1 A introdução dos textos argumentativos	71
2 Tipos de argumentos	74
3 A conclusão dos textos argumentativos	76
4 O processo da argumentação e os traços linguísticos do texto argumentativo	77

Capítulo 5   O texto jornalístico (*Journalistic writing*)   90

Em que consiste?	90
1 Características e objetivos	90
2 O título e o título auxiliar	93
3 O lide e o corpo da notícia	94
4 A linguagem da imprensa	96
5 Os gêneros jornalísticos	98
6 Gêneros de caráter objetivo: a reportagem e a entrevista	100
7 Gêneros de caráter subjetivo: a resenha crítica e o blog	105

Capítulo 6   Os textos administrativos e a correspondência (*Administrative Documents and Correspondence*)   113

Em que consiste?	113
1 A carta profissional	113
2 O currículo, ou CV	117
3 A carta de apresentação	120
4 A carta de recomendação	122

Contents

5	O e-mail	122
6	A mensagem de texto e as redes sociais	123

Capítulo 7   **Mais alguns conselhos para escrever bem (*Revising, refining and proofreading*)**   **126**

1	A precisão no uso da linguagem	126
2	A acentuação e a ortografia	127
3	A pontuação	127
	O ponto final	127
	A vírgula	128
	O ponto e vírgula	128
	Os dois-pontos	129
	As reticências	129
	O ponto de exclamação	130
	O ponto de interrogação	130
	As aspas	130
	O hífen e o travessão	131
	Os parênteses	131
4	Tipos de dicionários e outros recursos para a escrita	132
5	Os marcadores discursivos	133
6	Dez dicas para revisar seu texto	135

Bibliography   **137**

vii •

Acknowledgements

Em primeiro lugar, gostaríamos de agradecer o apoio dos autores que, de maneira totalmente desinteressada, cederam seus textos para que os estudantes de português do mundo anglo-saxão possam também apreciar sua excelente prosa: Adriana Lisboa, Beatriz Bracher, Bernardo Carvalho, Caio Fernando Abreu, Carlos Drummond de Andrade, Cidinha da Silva, Cíntia Moscovich, Edla Van Steen, Evanilton Gonçalves, Fernando Sabino, Jorge Caldeira, José Luiz Passos, Leonardo Brasilense, Luiz Ruffato, Lygia Fagundes Telles, Marcelino Freire, Milton Hatoum, Natália Borges Polesso, Ondjaki, Paulina Chiziane, Rachel de Queiroz e Verônica Stigger; aos compositores, Gilberto Gil, José Miguel Wisnik e Paulo Neves; a Fábio Moon e Gabriel Bá, pelas ilustrações; e a Hilton Lacerda, pelo seu roteiro. Queríamos expressar nossos agradecimentos também aos jornalistas da *Folha de S.Paulo*: Agabiti Fernandez, Angela Donaggio, Bernardo Mello Franco, Camila Mattoso, Cássio Starling Carlos, Catarina Barbieri, Chico Felitti, Eloísa Machado, Fernanda Testa, Gilberto Dimenstein, Giuliana Miranda, Inácio Araújo, Juliana Vines, Jússia Carvalho, Luciana Ramos, Marina Galeano, Marta Machado, Paula Lima, Pedro Diniz, Robert Young, Salvador Nogueira, Sérgio Alpendre e Thales de Menezes; a Alexandre Gaioto, do vivamaringa.odiario.com; a Diogo Guedes, do Jornal do Commercio; e a Ieda Magri, da Revista Z Cultural. Por gerenciar de maneira tão eficiente e cordial as autorizações necessárias, agradeçemos também: Cláudia Mariani; Eveline Alves, da Gege Edições/Preta Music; Lucia Riff, da Agência Riff; Isabel Brant, da Dubas Música; Pedro Sabino; Sandra Penha, da Folhapress; e Salomé Cabo.

Gostaríamos ainda de expressar nossa gratidão aos colegas do Departamento de Espanhol e Português da University of California, Berkeley – em particular a Sebastião Macedo, Natália Brizuela, Ignacio Navarrete e Candace Slater – e a Verónica López. No processo de realização do livro, contei com a valiosa colaboração de Carlos Minchillo, Cris Bierrenbach, John Ellis-Guardiola, e Samuel Hunnicutt. Queríamos agradecer a Milena Britto por sua sabedoria e a Hélio Guimarães por seus valiosas recomendações ao longo do processo. A César Braga Pinto, por seus comentários e sugestões, sua incansável paciência e seu companheirismo. Também queríamos expressar nossos agradecimentos a Gui Perdigão do Departamento de Português da University of Oxford por seus conselhos e sugestões. Por último, agradeçemos igualmente o apoio fundamental de Samantha Vale Noya e Rosie McEwan da editora Routledge.

Introduction

Manual prático de escrita em português/Developing Writing Skills in Portuguese provides intermediate- and advanced-level students with the skills necessary to become competent and confident writers in the Portuguese language.

Written completely in Portuguese, this book focuses on writing as a craft, helping students produce different types of texts. With the aid of examples, each chapter covers a specific kind of writing and offers sequenced exercises and activities on sentence structure, word choice, grammar, syntax and punctuation. Contrasting creative writing with analytical or discursive texts, the rich selection of samples featured in this book illustrates different themes, genres, styles, conventions and formats. It includes original material as well as fragments from newspapers, well-known literary works and essays by notable authors and journalists.

This book enables non-native Portuguese speakers to become more adept at distinguishing between Portuguese and English linguistic constructions. In the process of producing their own narrative, descriptive, expository, persuasive, journalistic and administrative texts, students will add cohesion and descriptive detail to their writing by choosing transition words, adjectives, adverbs and specialized vocabulary. They will find practical advice on rewriting, editing and proofreading, as well as on how to avoid common pitfalls, plus information on different types of dictionaries and other useful Internet resources. In every chapter and section of the book, step-by-step activities will guide students in crafting cogent and cohesive manuscripts.

Both practical and theoretical in its approach, this book has been designed for classroom instruction. It can also be used as a supplement to grammar texts to reinforce and enrich the Portuguese curriculum, as self-study material or simply as a handbook on writing.

Contents

Manual prático de escrita em português/Developing Writing Skills in Portuguese is a comprehensive textbook on writing. At the same time, students wishing to produce a certain type of text can consult any one chapter as a self-contained instructional unit, using cross-references to access relevant material and explanations in other chapters.

Introduction

Each chapter focuses on a particular type of writing and is divided into sections that offer instruction on grammar, sentence structure, vocabulary and other important aspects of the written language. In each section, the sequenced exercises and activities are designed to help the learner assimilate the material covered.

Chapter 1 – *O texto narrativo* (narrative writing)

The first chapter explores the art of literary and non-literary narration. Comparing and contrasting fragments from both classic works and original mininarratives, it illustrates how different authors handle time and space, plot and context, sequence and development, and characterization and dialogue. It presents the various components that make up a narrative, offering techniques for creating both an opening that involves the reader and an appropriate ending, and demonstrating how the author's choice of structure, time line or point of view conditions the reader's response to the work. At each juncture, concepts are illustrated through activities on how to use different verb tenses and direct and indirect speech. Theory is put into practice as students are guided to produce their own short narratives and longer texts.

Chapter 2 – *O texto descritivo* (descriptive writing)

Concentrating on descriptive writing, this chapter highlights the adjective as a key element of description, stressing its function, diverse uses and position. A wide array of activities direct students on how to use adjectives for optimal effect. This chapter shows how the placing of adjectives can create emphasis or irony, poetry or drama, and subjective or objective description. Students will learn to distinguish between adjectives that modify people and adjectives modifying things and abstractions. They will also learn to avoid cliché and to develop sensitivity to nuance and detail as they create characters, places and objects that are vivid, dramatic and unique. By the end of this chapter, students will be equipped to characterize concepts and create compelling images.

Chapter 3 – *O texto expositivo* (expository writing)

This chapter deals with the expository essay, used mostly for academic papers on a variety of topics, and its various objectives: to inform, explain, clarify, classify, compare and develop a thesis or idea. Students are introduced to the basic elements of the essay – introduction, development and conclusion – and their respective functions within an organized, well-developed text. Using specific exercises and mind maps, students will brainstorm, organize their ideas and construct properly sequenced outlines before beginning to write. As they learn to write their own clear and cogent essays, they are guided by exercises on word choice, transitions, sequencing and vocabulary enrichment.

Introduction

Chapter 4 – *O texto argumentativo* (persuasive writing)

This chapter covers persuasive writing. Similar to the expository text in its careful and organized manner of presenting information and ideas, the persuasive text differs in its emphasis on persuasion. Its aim is not merely to inform, but to persuade and convince the reader. In this chapter, students learn the function of a good introduction as initiator of the process of developing an argument and how to build on it by using a variety of appropriate expressions and diverse types of arguments. Examples are complemented by activities on analyzing and developing the structure of an argument; recognizing stylistic differences and informal or formal registers; and observing certain conventions regarding point of view. The chapter explains the use of textual markers to introduce, develop and conclude a persuasive text, as well as appropriate terms for expressing agreement and disagreement.

Chapter 5 – *O texto jornalístico* (journalistic writing)

Journalistic writing is a useful skill to acquire given the enormous reach of the news media. In this chapter, students become familiar with the multiple goals of journalism: to inform, mold public opinion, entertain and sell. They analyze an array of texts, including news stories, opinion articles and interviews, and read different articles on the same event to analyze variations in point of view. Through a range of activities, students learn to differentiate between an editorial and a column, and between a feature article and an investigative report. They produce headlines and subtitles, and apply the "inverted pyramid" concept to structure a news story that includes answers to six basic questions: who, what, when, where, why and how. As students learn to recognize the stylistic conventions that frame diverse discourses, they produce their own journalistic texts.

Chapter 6 – *Os textos administrativos e a correspondência* (administrative documents and correspondence)

This chapter gives students exposure to the professional, legal and official documents that are needed in every walk of life. Because such documents are written in a particular stilted and formulaic style, which is not easy for non-native Portuguese speakers to reproduce, students are introduced to the adjustments they need to make from their standard writing practices. Through a series of activities, they learn to distinguish between the various types of official documents, with their different structures or formats, and become acquainted with their linguistic characteristics. Other documents also covered are official letters, with their special headings, salutations and closing formulas; the standard format of a curriculum vitae (CV)/ resume; the structure of a business letter; and job applications, letters of recommendation and examples of social media texts.

xi •

Introduction

Chapter 7 – *Mais alguns conselhos para escrever bem* (revising, refining and proofreading)

This chapter recapitulates the material covered in the previous six chapters and offers advice on how to correct, refine, proofread and revise a text. The chapter also includes information on punctuation, as well as suggestions regarding helpful dictionaries and Internet resources on writing. Also provided is a chart summarizing expressions and textual markers that are useful when producing any type of written text in Portuguese.

Soluções (answer key)

The answer key available on the publisher's website provides solutions to the exercises and activities found in each chapter.

Capítulo 1
O texto narrativo

Em que consiste?

O texto narrativo caracteriza-se por contar uma série de ações no tempo. Essas ações podem ser reais ou fictícias. Geralmente, a narração inclui a descrição, a exposição e a argumentação. Mesmo antes da aparição dos alfabetos e da imprensa escrita, a narração já existia de forma oral.

Distinguem-se dois tipos de texto narrativo: o não literário e o literário. O primeiro inclui a imprensa, a televisão e o rádio (reportagens, notícias, etc.). Romances, contos, crônicas, relatos, lendas e fábulas fazem parte dos textos narrativos literários, que também podem abranger subgêneros dos meios de comunicação como as telenovelas e o cinema (roteiros cinematográficos). O gênero narrativo aparece também nos quadrinhos e graphic novels, nas anedotas e piadas, sejam narrados de forma oral ou escrita.

Pode-se dizer que o texto narrativo compreende o relato, a partir de um determinado ponto de vista, de acontecimentos que têm lugar em um determinado local e ao longo de um determinado intervalo de tempo. Esse relato inclui a ação de uma ou mais personagens, que podem ser reais ou imaginárias. Ainda que geralmente se use o termo "texto narrativo" para descrever um texto literário, a forma narrativa não é uma modalidade exclusiva da literatura.

1. Textos narrativos de caráter não literário

Atividade 1

Combine o tipo de texto com o exemplo correspondente.

A) uma receita de cozinha
B) uma crônica
C) um graphic novel
D) uma piada
E) uma bula de remédio
F) uma canção

G) uma notícia de jornal
H) um roteiro de televisão ou de cinema
I) um anúncio publicitário
J) um fato histórico
K) um romance
L) uma carta/um e-mail a um amigo

1 •

Manual prático de escrita em português/Developing Writing Skills in Portuguese

Texto 1 ___*L*___

Oi, Mário! Tudo bem? Há quanto tempo que a gente não tem contato. Tenho trabalhado feito louca ultimamente, mas ontem finalmente tirei uma folga e fui ao cinema com a Patrícia. Depois do filme, fomos tomar algo . . .

Texto 2 _____

- Doutor, como eu faço para emagrecer?
- Basta o senhor mover a cabeça da esquerda para a direita e da direita para a esquerda.
- Quantas vezes, doutor?
- Todas as vezes que lhe oferecerem comida.

Texto 3 _____

Sonhei que deu no jornal
Que São São Paulo estava
Coberta de água e sal
Pela mais branca das ondas
De um mar de safira
Não era mentira
E nem carnaval

Também não era milagre
Desastre ecológico
Nem nada igual
E quando a onda baixou
A cidade ficou
Normal

Só que do chão vinha a calma
Da lama do mangue
Da alga e da estrela do mar
E a maresia acendia
Uma coisa alegria
Que a espuma da onda
Espalhou pelo ar

Tamanho banho era um beijo
De cheiro e desejo
Em cada pessoa daquele lugar
E nesse dia saiu na primeira edição
De todos os jornais do Brasil:
São Paulo Rio

"Rio São Paulo", José Miguel Wisnik e Paulo Neves

O texto narrativo

Texto 4 _____

Brigadeiro

Ingredientes: 1 lata de leite condensado, 1 colher (sopa) de manteiga, 4 colheres (sopa) de chocolate em pó, chocolate granulado

Modo de Preparo

1. Em uma panela funda, acrescente o leite condensado, a manteiga e o chocolate em pó.
2. Cozinhe em fogo médio e mexa até que o brigadeiro comece a desgrudar da panela.
3. Deixe esfriar e faça pequenas bolas com a mão passando as bolinhas no chocolate granulado.

Texto 5 _____

Dunga, que continua a observar Seu Bianor apoiando a vassoura no queixo.

DUNGA

Seu Bianor, tá procurando o quê?

Aurora começa a se retirar da sala. O diálogo entre Dunga e Seu Bianor, assim como sua consequência, continuam na sequência posterior.

SEU BIANOR

As chaves dos quartos, Dunguinha.

DUNGA

E não tá pendurada aí no prego não, Seu Bianor.

SEU BIANOR

E num tá? Já procurei essa chave feito o cão.

Dunga volta a varrer o chão.

DUNGA

Seu Bianor, Seu Bianor . . . Tu tá ficando é meio cego já. A chave tá onde sempre tá, e o homem num acha!

Telefone tocando.

Do filme *Amarelo manga*, roteiro de Hilton Lacerda

Texto 6 _____

No dia 23 de abril de 1500, a vida dos índios que viviam na região onde hoje está a cidade de Porto Seguro, no sul da Bahia, foi interrompida por um espetáculo

3 •

Manual prático de escrita em português/Developing Writing Skills in Portuguese

assombroso. Treze navios enormes, muito maiores do que as canoas que conheciam, atravessaram um após o outro a passagem entre os recifes da Coroa Vermelha e ancoraram perto da praia. Sob o comando de Pedro Álvares Cabral, a frota chegara na véspera a alguns quilômetros ao sul, e continuou até ali em busca de um local seguro para fundear.

Viagem pela História do Brasil, Jorge Caldeira

Texto 7 _____

Erro

Renata era louca por novelas. Assistia a todas. Tinha orgulho de saber os personagens. O marido tinha horror desse gosto da mulher, pois ela não saía mais de casa, depois das seis da tarde, para não perder os capítulos. Lourenço inventava passeios solitários, ia à praça. Às vezes, sentava-se ao lado de Renata, tentava entender o entusiasmo dela por esta ou aquela situação, inutilmente. Entediava-se.

Ele morreu à noitinha. Renata pediu desculpas ao marido, mas esperou as novelas acabarem para avisar os parentes e amigos. Que diferença ia fazer? Em homenagem a ele nunca mais tiraria o luto. Até que conheceu Evandro, num supermercado. Crítico de televisão. Renata suspirava de alegria em ter se casado com alguém que se interessava por novelas. Que erro. De repente, ele passou a ridicularizar as admirações da amada, destruindo os textos dos autores, a escalação e/ou a interpretação dos atores, as músicas, os cenários. Separaram-se logo.

Cilene, a irmã, perdia muitos capítulos se o marido quisesse ver jogo de futebol. Agora, viúva, ela veio morar com Renata. As duas estão felizes, sem homem para impedir que elas assistam à televisão, até pelo celular.

Edla Van Steen em *Instantâneos*

Texto 8 _____

REPOFLOR

Posologia

- Nas alterações agudas da flora intestinal e na diarreia: um envelope, duas vezes ao dia.
- Nas alterações crônicas da flora intestinal: um envelope uma vez ao dia.

O conteúdo dos envelopes deve ser misturado a pequenas quantidades de líquidos. Não adicionar o produto a líquidos quentes ou gelados, assim como a bebidas alcoólicas. O preparado deve ser administrado, de preferência, em jejum ou meia hora antes das refeições. No caso de pacientes sob tratamento com antibióticos e quimioterápicos, administrar REPOFLOR um pouco antes desses agentes.

O texto narrativo

Após a abertura dos envelopes, deve ser imediatamente ingerido, pois o contato com o ar e a umidade alteram o prazo de validade dos produtos.

A posologia pode ser alterada a critério médico. Na maioria dos casos, são suficientes dois a três dias de tratamento. Se os sintomas persistirem após cinco dias, deve-se rever o diagnóstico e modificar a terapia.

Texto 9 _____

Florestal

O lírio da lua, que floresce uma única noite de lua cheia durante o ano,
Inspirou a criação deste perfume

Lírio da lua

Texto 10 _____

Quando abri os olhos, vi o vulto de uma mulher e o de uma criança. As duas figuras estavam inertes diante de mim, e a claridade indecisa da manhã nublada devolvia os dois corpos ao sono e ao cansaço de uma noite mal dormida. Sem perceber, tinha me afastado do lugar escolhido para dormir e ingressado numa espécie de gruta vegetal, entre o globo de luz e o caramanchão que dá acesso aos fundos da casa. Deitada na grama, com o corpo encolhido por causa do sereno, sentia na pele a roupa úmida e tinha as mãos repousadas nas páginas também úmidas de um caderno aberto, onde rabiscara, meio sonolenta, algumas impressões do voo noturno. Lembro que adormecera observando o perfil da casa fechada e quase deserta, tentando visualizar os dois leões de pedra entre as mangueiras perfiladas no outro lado da rua.

Relato de um certo oriente, Milton Hatoum

Texto 11 _____

A Mangueira venceu o carnaval carioca pela 18ª vez na última quarta-feira, dia 10 de fevereiro. A escola verde-e-rosa levou para o Sambódromo da Marquês de Sapucaí um enredo em homenagem à cantora Maria Bethânia. Na busca pelo título do Grupo Especial, a Mangueira celebrou os 50 anos de carreira da cantora baiana, fechando a noite com um desfile de luxo e sofisticação.

Texto 12 _____

Quais dos textos acima não são narrativos?

Manual prático de escrita em português/Developing Writing Skills in Portuguese

Capítulo 1

Quando Yaqub chegou do Líbano, o pai foi buscá-lo no Rio de Janeiro.

Atividade 2

Leia de novo os textos da atividade anterior e responda às seguintes perguntas.

2.a. O texto 7 é um exemplo de uma crônica, que tem como característica principal o relato de acontecimentos do cotidiano. Em geral, a crônica é uma leitura agradável, em que o leitor interage com os acontecimentos e por muitas vezes se identifica com as ações das personagens. A sequência narrativa apresenta marcas subjetivas, reflexões e sentimentos do autor sobre o que foi observado por ele.

Quem são as personagens da crônica "Erro"? Em sua opinião, as ações das personagens femininas e masculinas nesta narrativa são muito convencionais ou não?

O texto narrativo

Dois irmãos, Gabriel Bá e Fábio Moon. Baseado na obra de Milton Hatoum.

2.b. Identifique o espaço, as personagens, o tempo e a ação que se narram nos textos 6 e 12.

	Texto 6	Texto 12
ESPAÇO		
PERSONAGENS		
TEMPO		
AÇÃO		

Manual prático de escrita em português/Developing Writing Skills in Portuguese

Atividade 3

3.a. Leia a seguinte entrevista com o escritor Luiz Ruffato e associe as perguntas com as respostas.

'Escrever é um ato de disciplina', comenta Luiz Ruffato.

A – *Quando o senhor começou a escrever Eles Eram Muitos Cavalos (2001), o senhor já tinha esquemas de estruturas e anotações sobre personagens, consciente sobre como a obra seria conduzida e finalizada, ou o romance foi se transformando durante o processo de escrita?*

B – *Escrever, para o senhor, é como entrar numa guerra ou fazer amor?*

C – *A exposição "História da Sexualidade", que estreia hoje em São Paulo, será a primeira exposição, desde que o Masp foi fundado em 1947, a ser permitida apenas para maiores de 18 anos. Menores não poderão entrar acompanhados por pais ou responsáveis. O senhor é a favor da classificação etária para a contemplação de obras artísticas?*

D – *A escritora Nélida Piñon e a então ministra da Cultura, Marta Suplicy, criticaram o seu discurso na Feira de Livro de Frankfurt, em 2013. Entre outros temas, o senhor falou sobre o passado escravagista brasileiro, sobre a violência, a população carcerária e a homofobia. O senhor se arrepende de ter proferido esse polêmico discurso sobre o Brasil?*

E – *Na hora da escrita, o senhor decide qual história vai narrar ou é a história que se impõe ao senhor?*

F – *O senhor utiliza alguma técnica do jornalismo na sua prosa?*

G – *O senhor se preocupa, na hora da escrita, com esse novo posicionamento da sociedade?*

H – *Quanto tempo durou e como foi sua trajetória no jornalismo?*

I – *O senhor tem acompanhado a polêmica provocada pela presença da nudez nas artes brasileiras? Qual sua opinião sobre a exposição "Queermuseu" e sobre a performance do artista nu no Mam?*

J – *Isso não é assustador?*

Uma das atrações da 4ª edição da Festa Literária Internacional de Maringá (Flim), no estado de Paraná, Luiz Ruffato participa nesta quinta-feira, às 19h15, de uma mesa-redonda com entrada grátis sobre "Literatura e Realidade". Será sua terceira vinda a Maringá. Em entrevista por telefone a *O Diário*, o autor fala sobre o processo de escrita de seus livros, comenta as polêmicas recentes envolvendo o erotismo nas artes e revela qual foi a grande lição que aprendeu com o jornalismo.

P1	E – *Na hora da escrita, o senhor decide qual história vai narrar ou é a história que se impõe ao senhor?*
R	– É um pouco das duas coisas. Nunca começo um livro antes de ter certeza que ele merece ser escrito. Os personagens precisam me convencer de que a obra precisa ser escrita. Quando eu me sento, me deixo levar pela história. É uma coisa meio inexplicável. Eu não decido as histórias. Me coloco à disposição para escrever um outro livro e, naturalmente, outro livro vai aparecendo. Esse processo pode demorar seis meses, um ano, ou anos a fio. "Inferno Provisório", por exemplo, começou a ser pensado quando eu tinha 18 anos. Levou mais de 30 anos para ser escrito. Não consigo explicar racionalmente como isso acontece.
P2	
R	– É um pouco assustador, porque é fora de controle. Mas gosto que seja dessa maneira. Mesmo assim, tenho escrito ininterruptamente. Não sei explicar: há um certo controle sobre isso. No final, é um processo racional. Literatura é linguagem: quem determina tudo é a racionalidade da linguagem. Ela que vai e transforma literatura em arte.

• *8*

O texto narrativo

P3

– Nenhuma das duas. É um trabalho como outro qualquer. Amor e guerra não são trabalhos. Sou um profissional, que é uma função diferente do médico ou do gari.

P4

R

– Fui um repórter medíocre, e tinha consciência disso porque sou tímido e não gostava de perguntar as coisas para os outros. Logo no início, embora repórter medíocre, vi que seria um editor razoável. Essa consciência serviu para que eu me encontrasse no jornalismo. Quem vasculhar algo sobre mim, não vai encontrar absolutamente nada. Não escrevi e, o que é engraçado, nunca fiz nada sobre cultura. Trabalhei com política e economia. Sou um cara extremamente pragmático. No final da faculdade, todos os meus colegas de classe queriam trabalhar com jornalismo cultural. Então, pensei que eu teria menos problema em encontrar emprego na área de política e economia, devido à concorrência menor.

P5

R

– Jornalismo e literatura são primos, mas acho que nem são de primeiro grau: são primos distantes, de terceiro ou quarto grau. Há um DNA, em um ou outro caso, mas não há nada mais distante da linguagem da literatura do que a linguagem do jornalismo. Acho que não resta nada do jornalismo na literatura. A única coisa que o jornalismo me ensinou foi a disciplina. Escrever é, basicamente, um ato de disciplina. É preciso fazer isso sempre. Diariamente, escrevo das 7h às 11h30. Depois, vou cuidar da parte burocrática e cuidar da casa, cozinhar.

P6

R

– Quando vou escrever uma obra, não faço anotações, fichamentos, nada. *Eles Eram Muitos Cavalos* era uma necessidade trivial, uma catalogação da minha narrativa daquilo que era possível. Foi com o livro que encontrei uma forma de expressão para o *Inferno Provisório*. É um caderno do *Inferno*. Na verdade, todos os meus livros derivam do *Eles Eram Muitos Cavalos*.

P7

R

– É uma coisa estúpida. No Brasil, todos cismaram, de repente, que são julgadores de arte. São pessoas que nunca abriram um livro, e se acham grandes críticos literários. Nunca foram a um museu, a uma peça de teatro, e se acham capazes de fazer essas críticas. É a mediocridade de alguns brasileiros que se sentem nesse direito. É um pensamento reacionário que está invadindo nosso espaço, e isso não parte apenas da igreja evangélica, vem também da católica, dessa elite burra e reacionária.

P8

R

– É algo hipócrita. No computador e nos canais fechados têm sacanagem: não tem nenhum menino de 16 anos que não viu isso. É um perigo que esses espaços, como o Masp, cedam a essa pressão. Afinal, o museu é público. A elite brasileira é contra aborto, e muitos desses que criticam fazem aborto. A elite brasileira é contra as drogas, mas é uma grande consumidora de drogas. É nojenta, essa hipocrisia.

P9

R

– Enquanto cidadão, fico preocupado. Mas, enquanto artista, não tenho nenhuma preocupação com esse tipo de gente. Estou me lixando.

P10

R

– Se eu soubesse que o País pioraria, eu teria sido ainda mais incisivo. O que eu dizia, na verdade, não era algo polêmico: eram coisas óbvias. Que há machistas, homofóbicos, que o País começou sua história matando um monte de gente. Eu me arrependo, hoje, de não ter sido mais radical.

Alexandre Gaioto, http://vivamaringa.odiario.com

Manual prático de escrita em português/Developing Writing Skills in Portuguese

3.b. Agora, leia a entrevista na sua íntegra e responda às perguntas abaixo.

1 Qual foi o processo de escrita do escritor Luiz Ruffato? Faça um resumo com suas próprias palavras.
2 O que Luiz Ruffato aprendeu com o jornalismo?
3 Como o autor explica a hipocrisia da elite brasileira?
4 O autor afirma não ficar preocupado com o posicionamento da sociedade enquanto artista, mas enquanto cidadão, sim. Você acha possível um autor manter uma separação desta maneira?

Atividade 4

No texto abaixo, o escritor Fernando Sabino descreve alguns eventos marcantes da sua juventude que o levaram a se dedicar ao ofício de autor. Leia-o e responda às perguntas.

> Quando eu tinha 10 anos, ao narrar a um amigo uma história que havia lido, inventei para ela um fim diferente, que me parecia melhor. Resolvi então escrever as minhas próprias histórias.
>
> Durante o meu curso de ginásio, fui estimulado pelo fato de ser sempre dos melhores em português e dos piores em matemática – o que, para mim, significava que eu tinha jeito para escritor.
>
> Naquela época os programas de rádio faziam tanto sucesso quanto os de televisão hoje em dia, e uma revista semanal do Rio, especializada em rádio, mantinha um concurso permanente de crônicas sob o título "O Que Pensam Os Rádio-Ouvintes". Eu tinha 12, 13 anos, e não pensava grande coisa, mas minha irmã Berenice me animava a concorrer, passando à máquina as minhas crônicas e mandando-as para o concurso. Mandava várias por semana, e era natural que volta e meia uma fosse premiada.
>
> Passei a escrever contos policiais, influenciado pelas minhas leituras do gênero. Meu autor predileto era Edgar Wallace. Pouco depois passaria a viver sob a influência do livro mais sensacional que já li na minha vida, que foi o Winnetou de Karl May, cujas aventuras procurava imitar nos meus escritos.
>
> A partir dos 14 anos comecei a escrever histórias "mais sérias", com pretensão literária. Muito me ajudou, neste início de carreira, ter aprendido datilografia na velha máquina Remington do escritório de meu pai. E a mania que passei a ter de estudar gramática e conhecer bem a língua me foi bastante útil.
>
> Mas nada se pode comparar à ajuda que recebi nesta primeira fase dos escritores de minha terra Guilhermino César, João Etienne Filho e Murilo Rubião – e, um pouco mais tarde, de Marques Rebelo e Mário de Andrade, por ocasião da publicação do meu primeiro livro, aos 18 anos.
>
> De tudo, o mais precioso à minha formação, todavia, talvez tenha sido a amizade que me ligou desde então e pela vida afora a Hélio Pellegrino, Otto Lara Resende e Paulo Mendes Campos, tendo como inspiração comum o culto à Literatura.
>
> "Como comecei a escrever", Fernando Sabino

O texto narrativo

Segundo o texto . . .

1 O que levou o autor a escrever suas próprias histórias?
2 Por que ele pensava que tinha habilidade para ser escritor?
3 Ele começou a escrever contos policiais por quê?
4 Além de ter aprendido datilografia, o que mais lhe ajudou na hora de escrever histórias "mais sérias"?
5 Quais outros fatores você considera importantes para ser escritor?

2. Os textos narrativos literários

Em um texto narrativo podem-se distinguir duas estruturas: uma interna e outra externa. A estrutura externa se refere à disposição do texto através de capítulos, que podem ser numerados ou levar um título; sequências separadas por espaços em branco; parágrafos; ou partes que também integram capítulos. Além disso, toda a informação se estrutura a partir dos sinais de pontuação, palavras em itálico, maiúsculas, etc.

A estrutura interna de um texto narrativo organiza-se em:

- uma introdução, em que se apresentam os principais elementos da narrativa: espaço, tempo, personagens, enredo e narrador;
- um desenvolvimento, onde ocorrem conflitos ou acontecimentos que quebram o equilíbrio apresentado na introdução;
- um clímax, que é o ponto de maior tensão;
- um desfecho, ou seja, a parte da narração em que se resolvem os conflitos (positiva ou negativamente).

Nos casos em que o autor escolhe esta ordem, trata-se de uma estrutura cronológica ou linear, em que os fatos são narrados de maneira sucessiva, sem digressões ou flashbacks. Chama-se não linear uma estrutura que não segue uma sequência cronológica, e que se desenvolve com saltos, antecipações, retrospectivas e rupturas.

O texto pode se estruturar em diferentes planos que organizam a informação:

- o enredo: consiste na sucessão das ações e dos acontecimentos que fazem avançar a narração.
- o fundo: transmite dados sobre as personagens (seus pensamentos, seus sentimentos, etc.). Podem expressar recordações ou movimentos retrospectivos, assim como antecipações na linha do tempo.
- o cenário: expressa os dados sobre o tempo e o meio físico em que se desenvolve a ação.

Atividade 5

5.a. Para os seguintes textos, indique qual tem uma estrutura linear e qual uma estrutura não linear.

Manual prático de escrita em português/Developing Writing Skills in Portuguese

Texto 1:

Foi numa fazenda de gado, no tempo do ano em que as vacas dão cria. Cada vaca toda satisfeita com o seu bezerro. Mas dois deles andavam tristes de dar pena: uma vaca que tinha perdido o seu bezerro e um bezerro que ficou sem mãe.

A vaquinha até parecia estar chorando, com os peitos cheios de leite, sem filho para mamar. E o bezerro sem mãe gemia, morrendo de fome e abandonado.

Não adiantava juntar os dois, porque a vaca não aceitava. Ela sentia pelo cheiro que o bezerrinho órfão não era filho dela, e o empurrava para longe.

Aí o vaqueiro se lembrou do couro do bezerro morto, que estava secando ao sol. Enrolou naquele couro o bezerrinho sem mãe e levou o bichinho disfarçado para junto da vaca sem filho.

Ora, foi uma beleza! A vaca deu uma lambida no couro, sentiu o cheiro do filho e deixou que o outro mamasse à vontade. E por três dias foi aquela mascarada. Mas no quarto dia, a vaca, de repente, meteu o focinho no couro e puxou fora o disfarce. Lambeu o bezerrinho direto, como se dissesse: "Agora você já está adotado".

E ficaram os dois no maior amor, como filho e mãe de verdade.

"Bezerro sem mãe", Rachel de Queiroz

Texto 2:

CAPÍTULO PRIMEIRO/ÓBITO DO AUTOR

Algum tempo hesitei se devia abrir estas memórias pelo princípio ou pelo fim, isto é, se poria em primeiro lugar o meu nascimento ou a minha morte. Suposto o uso vulgar seja começar pelo nascimento, duas considerações me levaram a adotar diferente método: a primeira é que eu não sou propriamente um autor defunto, mas um defunto autor, para quem a campa foi outro berço; a segunda é que o escrito ficaria assim mais galante e mais novo. Moisés, que também contou a sua morte, não a pôs no introito, mas no cabo: diferença radical entre este livro e o Pentateuco.

Memórias póstumas de Brás Cubas, Machado de Assis

5.b. Agora leia o seguinte miniconto e identifique o enredo, fundo e cenário.

Solidariedade

Numa esquina da avenida mais movimentada, às sete da noite, o sinal fica verde, entretanto a carroça do papeleiro não se mexe. Os motoristas começam a buzinar. O papeleiro agita as rédeas, faz um som esquisito com a boca, e nada adianta. O cavalo empacou. Os motoristas, já numa fila de incontáveis faróis e buzinas, com o que lhes resta de forças depois de mais um dia cansativo e estressante em seus escritórios e repartições, gritam, xingam, amaldiçoam. O papeleiro, por sua vez, com o que lhe resta de fôlego depois de mais um dia de sol pelas ruas da cidade, os braços fracos de abrir lixeiras desde as seis da manhã, desce da carroça empunhando um cabo de vassoura e grita, bate, espanca. E o cavalo, com o que lhe resta de si depois de mais um dia que ele nem sabe que passou, com a fome

• 12

O texto narrativo

de hoje somada à de ontem e anteontem que o deixam lerdo e confuso, ajoelha-se, de olhos fechados, como quem reza para morrer.

Leonardo Brasiliense, em *Corpos sem pressa*

5.c. Leia e escute a canção "Domingo no parque" de Gilberto Gil e indique as quatro fases da narrativa (introdução, desenvolvimento, clímax e desfecho).

1 O rei da brincadeira – ê José	23 O sorvete e a rosa – ê José
2 O rei da confusão – ê João	24 A rosa e o sorvete – ê José
3 Um trabalhava na feira – ê José	25 Oi dançando no peito – ê José
4 Outro na construção – ê João	26 Do José brincalhão – ê José
5 A semana passada, no fim da semana,	27 O sorvete e a rosa – ê José
6 João resolveu não brigar.	28 A rosa e o sorvete – ê José
7 No domingo de tarde saiu apressado	29 Oi girando na mente – ê José
8 E não foi pra ribeira jogar capoeira	30 Do José brincalhão – ê José
9 Não foi pra lá, pra ribeira,	31 Juliana girando – oi girando
10 Foi namorar.	32 Oi na roda gigante – oi girando
11 O José como sempre, no fim da semana	33 Oi na roda gigante – oi girando
	34 O amigo João – oi João
12 Guardou a barraca e sumiu.	35 O sorvete é morango – é vermelho
13 Foi fazer, no domingo, um passeio no parque,	36 Oi girando e a rosa – é vermelha
	37 Oi girando, girando – é vermelha
14 Lá perto da boca do rio.	38 Oi girando, girando – olha a faca
15 Foi no parque que ele avistou Juliana,	39 Olha o sangue na mão – ê José
16 Foi que ele viu	40 Juliana no chão – ê José
17 Juliana na roda com João,	41 Outro corpo caído – ê José
18 Uma rosa e um sorvete na mão.	42 Seu amigo João – ê José
19 Juliana, seu sonho, uma ilusão,	43 Amanhã não tem feira – ê José
20 Juliana e o amigo João.	44 Não tem mais construção – ê João
21 O espinho da rosa feriu Zé	45 Não tem mais brincadeira – ê José
22 E o sorvete gelou seu coração.	46 Não tem mais confusão – ê João.

3. Características do texto narrativo

Os elementos que caracterizam um texto narrativo são: o espaço onde a história ocorre; o tempo; o ponto de vista do qual se narra; as personagens que participam na história; e a ação.

Elementos do texto narrativo

Espaço	Tempo	Ponto de vista	Personagens	Ação
• Exterior	• Externo ou Cronológico	• Narrador personagem (participante)	• Protagonistas	
• Interior	• Interno ou Psicológico	• Narrador observador (não participante)	• Personagens secundários	
	• Analepse ou *Flashback*		• Antagonistas	
	• Prolepse ou *Flashforward*		• De pano de fundo	

13 •

O espaço

O espaço se refere ao local onde se desenrola a ação. Pode ser físico (no colégio, no Brasil, na praça, etc.), social (características do ambiente social) ou psicológico (vivências, pensamentos e sentimentos da personagem, etc.). Alguns escritores brasileiros trabalharam com lugares mais ou menos simbólicos como o Sertão, o Nordeste, a Amazônia, ou a Favela.

Atividade 6

6.a. Leia o seguinte trecho do conto "As formigas" de Lígia Fagundes Telles e sublinhe todas a referências relacionadas com o espaço.

Quando minha prima e eu descemos do táxi, já era quase noite. Ficamos imóveis diante do velho sobrado de janelas ovaladas, iguais a dois olhos tristes, um deles vazado por uma pedrada. Descansei a mala no chão e apertei o braço da prima.

– É sinistro.

Ela me impeliu na direção da porta. Tínhamos outra escolha? Nenhuma pensão nas redondezas oferecia um preço melhor a duas pobres estudantes com liberdade de usar o fogareiro no quarto, a dona nos avisara por telefone que podíamos fazer refeições ligeiras com a condição de não provocar incêndio. Subimos a escada velhíssima, cheirando a creolina.

– Pelo menos não vi sinal de barata – disse minha prima.

A dona era uma velha balofa, de peruca mais negra do que a asa da graúna. Vestia um desbotado pijama de seda japonesa e tinha as unhas aduncas recobertas por uma crosta de esmalte vermelho-escuro, descascado nas pontas encardidas. Acendeu um charutinho.

– É você que estuda medicina? – perguntou, soprando a fumaça na minha direção.
– Estudo Direito. Medicina é ela.

A mulher nos examinou com indiferença. Devia estar pensando em outra coisa quando soltou uma baforada tão densa que precisei desviar a cara. A saleta era escura, atulhada de móveis velhos, desparelhados. No sofá de palhinha furada no assento, duas almofadas que pareciam ter sido feitas com os restos de um antigo vestido, os bordados salpicados de vidrilho.

– Vou mostrar o quarto, fica no sótão – disse ela em meio a um acesso de tosse. Fez um sinal para que a seguíssemos. – O inquilino antes de vocês também estudava medicina, tinha um caixotinho de ossos que esqueceu aqui, estava sempre mexendo neles.

O texto narrativo

Minha prima voltou-se:

– Um caixote de ossos?

A mulher não respondeu, concentrada no esforço de subir a estreita escada de caracol que ia dar no quarto. Acendeu a luz. O quarto não podia ser menor, com o teto em declive tão acentuado que nesse trecho teríamos que entrar de gatinhas. Duas camas, dois armários e uma cadeira de palhinha pintada de dourado. No ângulo onde o teto quase se encontrava com o assoalho, estava um caixotinho coberto com um pedaço de plástico. Minha prima largou a mala e, pondo-se de joelhos, puxou o caixotinho pela alça de corda. Levantou o plástico. Parecia fascinada.

– Mas que ossos tão miudinhos! São de criança?
– Ele disse que eram de adulto. De um anão.

"As formigas", de Lygia Fagundes Telles

6.b. Como a descrição do espaço físico contribui para o tom do conto e como ela reflete ou expressa características das personagens?

6.c. Escreva um relato curto (200 palavras) no qual se descreve um espaço que tenha um significado especial para você. Indique onde fica, o que você faz lá, quais objetos se encontram ali, etc. Explique por que esse é um lugar especial para você.

O tempo

O tempo se refere à duração da ação e ao desenrolar dos acontecimentos. O tempo da história se refere à ordem real dos eventos por ordem cronológica. Por outro lado, o tempo do discurso é a representação do tempo da história na narrativa, ou seja, a ordem textual dos acontecimentos. O tempo do discurso nem sempre segue o tempo da história. Por exemplo, pode haver um recuo no tempo para relatar eventos anteriores ao presente da ação (analepse ou flashback); um avanço no tempo (prolepse ou flashforward); um resumo, que é um sumário da história; ou uma elipse, que consiste num salto no tempo, em que os acontecimentos ocorridos durante um período de tempo são omitidos. Também, com respeito ao tempo da história, é preciso distinguir o tempo externo ou cronológico, que indica a sucessão cronológica dos fatos, pelas horas, dias, anos, e o tempo interno ou psicológico, que se refere às lembranças e vivências das personagens, sendo subjetivo e influenciado pelo estado de espírito das personagens em cada momento.

Atividade 7

Leia estes fragmentos e indique em qual há prolepse ou *flashforward* e em qual se observa analepse ou flashback.

Texto 1:

Estavam transmitindo quase que somente músicas mais embaladas, de rock. Tentei buscar entre as estações alguma coisa parecida com as canções que vinha

Manual prático de escrita em português/Developing Writing Skills in Portuguese

escutando na perua da tecelagem, a caminho da capital. Lembro que, entre o Blue Love e o fim da minha viagem, houve um momento em que ia dirigindo com a cabeça longe, olhando a paisagem e, de repente, reconheci no rádio uma música que Minie primeiro me mostrou. Era em inglês. Uma das meninas do verdão, fluente nesse idioma, tinha traduzido a letra numa folha de caderno que circulou pelo quarto andar e acabou indo parar nas mãos de Minie. Uma noite em que ficamos escutando os LPs dela até mais tarde, quando a música começou a sair pelas caixas da vitrola, ela correu, foi puxar da gaveta aquela folha de papel. Sentou do meu lado e começou a ler o significado das estrofes que o artista ia cantando.

O sonâmbulo amador, José Luiz Passos

Texto 2:

Quando o bebê chegar, ela não virá com ele à praia. Quando for criança, não virá brincar com ela no mar. Dias e tardes de estudo e trabalho. O riso das crianças brincando na areia, entrando e saindo no rasinho, chega até ela cada vez que emerge. Submerge, gira o corpo, apoia o pé no chão, toma impulso, emerge. Ela nunca veio brincar na praia quando criança. Pensa na semelhança entre ela e sua filha, ambas dentro da água, e na diferença, ela com todo o espaço do oceano para se movimentar, e a filha imobilizada. Apertada, apertada, apertada. Cada vez mais. Sem saber que haverá uma saída, um buraco estreito com uma luz no final.

Anatomia do Paraíso, Beatriz Bracher

Atividade 8

8.a. Complete este trecho do romance *Bom dia, camaradas*, de Ondjaki, com os tempos do passado que aparecem no quadro.

> era • gostávamos • disse • tinham sido • gostou • estava • perguntou • viu • tinha cumprido • entrou • tínhamos • ficou

Nós tínhamos aula de Matemática, era com o professor Ángel. Quando ele _____ (1), estava chateado ou triste. Eu dei o toque no Murtala, mas não podíamos rir. Antes de começar a aula, o camarada professor _____ (2) que a mulher dele estava muito triste porque os alunos _____ (3) indisciplinados, e que num país em reconstrução era preciso muita disciplina. Ele também falou do camarada Che Guevara, falou da disciplina e que nós _____ (4) que nos portar bem para que as coisas funcionassem bem no nosso país. A sorte foi que ninguém queixou o Célio e o Cláudio, senão com isso da revolução eles tinham mesmo apanhado falta vermelha.

No intervalo a Petra foi dizer ao Cláudio que eles tinham de pedir desculpa na camarada professora, porque ela _____ (5) muito boa, era cubana e _____ (6) em Angola para nos ajudar. Mas o Cláudio não _____ (7) nada de ouvir a Petra, e disse-lhe que só _____ (8) a ordem dela, que ela tinha dito para eles "se quedarem" e então eles atiraram-se para o chão.

• 16

O texto narrativo

Todos _____ (9) do professor Ángel. Ele era muito simples, muito engraçado. No primeiro dia de aulas ele viu o Cláudio com um relógio no pulso e _____ (10) se o relógio era dele. O Cláudio riu e disse que sim. O camarada professor disse *mira, yo trabajo desde hace muchos años y todavía no tengo uno*, e nós ficámos muito admirados porque quase todos na turma tinham relógio. A professora de Física também _____ (11) muito admirada quando _____ (12) tantas máquinas de calcular na sala de aula.

8.b. Observe o uso dos tempos do passado no texto e complete a informação com as palavras do quadro.

---

pretérito perfeito • pretérito imperfeito • pretérito mais-que-perfeito

---

Utiliza-se o _____ para descrever uma ação concluída no passado.

Utiliza-se o _____ para descrever uma ação concluída anterior a uma outra ação que aconteceu no passado.

Utiliza-se o _____ para descrever ações em andamento, habituais, repetidas ou simultâneas no passado.

8.c. Complete o trecho abaixo, do romance *Dois irmãos*, de Milton Hatoum, com os tempos do passado apropriados. Compare-o ao Texto 12 na Atividade 1.

Quando Yaqub _____ (chegar) do Líbano, o pai foi buscá-lo no Rio de Janeiro. O cais Pharoux _____ (estar) apinhado de parentes de pracinhas e oficiais que _____ (regressar) da Itália. Bandeiras brasileiras _____ (enfeitar) o balcão e a varanda dos apartamentos da Glória, rojões _____ (espocar) no céu, e para onde o pai _____ (olhar) havia sinais de vitória. Ele _____ (avistar) o filho no portaló do navio que acabara de chegar de Marselha. Não _____ (ser) mais o menino, mas o rapaz que passara cinco dos seus dezoito anos no sul do Líbano. O andar _____ (ser) o mesmo: passos rápidos e firmes que _____ (dar) ao corpo um senso de equilíbrio e uma rigidez impensável no andar do outro filho, o Caçula.

Yaqub _____ (esticar) alguns palmos. E à medida que _____ (aproximar-se) do cais, o pai _____ (comparar) o corpo do filho recém-chegado com a imagem que construíra durante os anos da separação. Ele _____ (carregar) um farnel de lona cinza, surrado, e debaixo do boné verde os olhos graúdos _____ (arregalar) com os vivas e a choradeira dos militares da Força Expedicionária Brasileira.

Halim _____ (acenar) com as duas mãos, mas o filho _____ (demorar) a reconhecer aquele homem vestido de branco, um pouco mais baixo do que ele. Por pouco não esquecera o rosto do pai, os olhos do pai e o pai por inteiro. Apreensivo, ele _____ (aproximar-se) do moço, os dois se _____ (entreolhar) e ele, o filho, _____ (perguntar):

Manual prático de escrita em português/Developing Writing Skills in Portuguese

"Baba?". E depois os quatro beijos no rosto, o abraço demorado, as saudações em árabe. _____ (Sair) do cais abraçados, _____ (atravessar) a praça Paris e a rua do Catete e _____ (ir) até a Cinelândia.

Dois irmãos, Milton Hatoum

8.d. O mais-que-perfeito simples exprime, da mesma forma que o mais-que-perfeito composto, um fato passado, anterior a outro fato igualmente passado. Compare:

Quando a polícia chegou, o ladrão já tinha fugido. (mais-que-perfeito composto)

Quando a polícia chegou, o ladrão já fugira. (mais-que-perfeito simples, que se forma a partir da terceira pessoa do plural do pretérito perfeito, substituindo-se a terminação -am do pretérito simples por: a, as, a, amos, am)

O mais-que-perfeito simples é considerado um tempo literário e é pouquíssimo usado na língua coloquial. Em todo caso, autores empregam as duas formas, a simples e a composta. No texto anterior, identifique os verbos no mais-que-perfeito simples e coloque-os no mais-que-perfeito composto.

O foco narrativo e o narrador

O foco narrativo mostra a perspectiva de quem narra a história. Observe os diferentes tipos:

1 Narrador personagem (participante): participa da história, relatando os fatos a partir de sua ótica, com o predomínio das impressões pessoais.
2 Narrador observador (não participante): revela somente os fatos que consegue observar e conta a história em terceira pessoa.
3 Narrador onisciente: conta a história em terceira pessoa e, às vezes, permite certas intromissões narrando em primeira pessoa. Ele conhece tudo sobre as personagens e sobre o enredo, sabe o que se passa no íntimo das personagens, conhece suas emoções e pensamentos.

O narrador pode ser objetivo, quando relata os acontecimentos com imparcialidade e objetividade, ou subjetivo, quando narra os eventos com parcialidade e subjetividade. No mesmo texto narrativo, podem-se encontrar todas estas diferentes perspectivas.

Atividade 9

Analise os seguintes trechos e indique o tipo de narrador (participante, não participante, onisciente), e se é objetivo (neutro) ou subjetivo (parcial).

Texto 1:

O Campos, segundo o costume, acabava de descer do almoço e, a pena atrás da orelha, o lenço por dentro do colarinho, dispunha-se a prosseguir no trabalho interrompido pouco antes. Entrou no seu escritório e foi sentar-se à secretária.

• *18*

O texto narrativo

Defronte dele, com uma gravidade oficial, empilhavam-se grandes livros de escrituração mercantil. Ao lado, uma prensa de copiar, um copo de água, sujo de pó, e um pincel chato; mais adiante, sobre um mocho de madeira preta, muito alto, via-se o Diário deitado de costas e aberto de par em par.

Casa de Pensão, Aluísio de Azevedo

Texto 2:

Conheci imigrantes brasileiros que tentavam esquecer que eram brasileiros. Arranjavam parceiros americanos, filhos americanos, empregos americanos, guardavam a língua portuguesa dentro da garganta num lugar de difícil acesso e só se orgulhavam de suas origens quando alguém mencionava de modo elogioso o samba ou a capoeira (essa última também, na origem, a luta dos deslocados, dos expatriados, dos arrancados de casa).

Azul corvo, Adriana Lisboa

Texto 3:

Félix atravessa devagar a escuridão, noites e dias com seu trabalho. O coração triste, a consciência do tempo que não volta e a ausência de esperança, de alguma maneira, lhe trouxeram paz. Não bem-aventurança, o que sente é uma dor contínua que procura no trabalho seu complemento. A lembrança do que fez e do que não fez é ruim e constante. Ser mortal, saber que um dia terminará, é o que lhe dá ânimo para o trabalho.

Anatomia do Paraíso, Beatriz Bracher

As personagens

A ação desenvolve-se em torno das personagens, que são caracterizadas através de qualidades físicas e psicológicas. Elas possuem diferentes níveis de importância na narrativa. As personagens principais desempenham papéis essenciais no enredo, podendo ser protagonistas (que geralmente desejam, tentam, conseguem) ou antagonistas (que dificultam, atrapalham, impedem). As personagens secundárias desempenham papéis menores e podem ajudar as personagens principais em ações secundárias ou na caracterização de um espaço social. A caracterização da personagem se transmite através da voz, que pode se manifestar por meio de monólogos, diálogos ou por meio do discurso. Existem três tipos de discurso, ou seja, três formas de introdução das falas das personagens na narrativa:

- O discurso direto é caracterizado por ser uma transcrição da fala das personagens, sem participação do narrador. Geralmente, mas nem sempre, essa fala é introduzida por travessão.

  Ex. – O café está pronto? – perguntou Geraldo, entrando na cozinha.

Manual prático de escrita em português/Developing Writing Skills in Portuguese

- O discurso indireto é caracterizado por ser uma intervenção do narrador no discurso ao utilizar as suas próprias palavras para reproduzir as falas das personagens.

  Ex. Geraldo entrou na cozinha e perguntou se o café estava pronto.

- O discurso indireto livre é caracterizado por permitir que os acontecimentos sejam narrados em simultâneo, estando as falas das personagens direta e integralmente inseridas dentro do discurso do narrador. Por isso, as falas do narrador e da personagem parecem confundir-se numa só, pois não aparecem sinais indicativos de que a fala pertença a um deles especificamente.

  Ex. Geraldo entrou na cozinha. Será que o café está pronto?

Atividade 10

10.a. Nos trechos abaixo aparecem as descrições de algumas personagens conheci-das na literatura lusófona. Para cada texto, anote quais características se destacam: físicas, psicológicas, profissão, desejos, etc.

1. Capitu

[. . .] quatorze anos, alta, forte e cheia, apertada em um vestido de chita, meio desbotado. Os cabelos grossos, feitos em duas tranças, com as pontas atadas uma à outra, à moda do tempo, desciam-lhe pelas costas. Morena, olhos claros e grandes, nariz reto e comprido, tinha a boca fina e o queixo largo. As mãos, a despeito de alguns ofícios rudes, eram curadas com amor; não cheiravam a sabões finos nem águas de toucador, mas com água do poço e sabão comum trazia-as sem mácula. Calçava sapatos de duraque, rasos e velhos, a que ela mesma dera alguns pontos. [. . .] Capitu, aos quatorze anos, tinha já ideias atrevidas. [. . .] Era também mais curiosa. As curiosidades de Capitu dão para um capítulo. Eram de vária espécie, explicáveis e inexplicáveis, assim úteis como inúteis, umas graves, outras frívolas; gostava de saber tudo.

Dom Casmurro, Machado de Assis

2. Policarpo Quaresma

Como de hábito, Policarpo Quaresma, mais conhecido por Major Quaresma, bateu em casa às quatro e quinze da tarde. Havia mais de vinte anos que isso acontecia. Saindo do Arsenal de Guerra, onde era subsecretário, bongava pelas confeitarias algumas frutas, comprava um queijo, às vezes, e sempre o pão da padaria francesa. [. . .]

Não recebia ninguém, vivia num isolamento monacal, embora fosse cortês com os vizinhos que o julgavam esquisito e misantropo. [. . .]

Quaresma era um homem pequeno, magro, que usava pince-nez, olhava sempre baixo, mas, quando fixava alguém ou alguma cousa, os seus olhos tomavam, por detrás das lentes, um forte brilho de penetração, e era como se ele quisesse ir à alma da pessoa ou da cousa que fixava.

Triste fim de Policarpo Quaresma, Lima Barreto

• 20

O texto narrativo

3. Iracema

Além, muito além daquela serra, que ainda azula no horizonte, nasceu Iracema.

Iracema, a virgem dos lábios de mel, que tinha os cabelos mais negros que a asa da graúna, e mais longos que seu talhe de palmeira.

O favo da jati não era doce como seu sorriso; nem a baunilha recendia no bosque como seu hálito perfumado.

Mais rápida que a corça selvagem, a morena virgem corria o sertão e as matas do Ipu, onde campeava sua guerreira tribo, da grande nação tabajara. O pé grácil e nu, mal roçando, alisava apenas a verde pelúcia que vestia a terra com as primeiras águas.

Um dia, ao pino do Sol, ela repousava em um claro da floresta. Banhava-lhe o corpo a sombra da oiticica, mais fresca do que o orvalho da noite. Os ramos da acácia silvestre esparziam flores sobre os úmidos cabelos. Escondidos na folhagem os pássaros ameigavam o canto.

Iracema saiu do banho: o aljôfar d'água ainda a roreja, como à doce mangaba que corou em manhã de chuva. Enquanto repousa, empluma das penas do gará as flechas de seu arco, e concerta com o sabiá da mata, pousado no galho próximo, o canto agreste.

Iracema, José de Alencar

4. Jorge

[. . .] sempre robusto, de hábitos viris. Tinha os dentes admiráveis de seu pai, os seus ombros fortes.

De sua mãe herdara a placidez, o gênio manso. Quando era estudante na Politécnica, às oito horas recolhia-se, acendia o seu candeeiro de latão, abria os seus compêndios. Não frequentava botequins, nem fazia noitadas. [. . .] Ele nunca fora sentimental; [. . .] não lhe faltava um botão nas camisas; era muito escarolado; admirava Luís Figuier, Bastiat e Castilho, tinha horror a dívidas, e sentia-se feliz.

O primo Basílio, Eça de Queirós

10.b. Imagine uma personagem para um texto literário de umas 200 palavras. Descreva seu aspecto físico e psicológico, seus gostos, idade, profissão, classe social, etc. Use os modelos acima como referência.

Atividade 11

11.a. Identifique em que trecho se encontra um exemplo de diálogo, monólogo, discurso direto, indireto e indireto livre.

Manual prático de escrita em português/Developing Writing Skills in Portuguese

Texto 1:

Entre dez da manhã e duas da tarde era impossível ficar do lado de fora. Quase não havia sombra. Resolvi me instalar na sala, debaixo do varal de peixes secos, e ler um livro. Mas a minha paz durou pouco. Primeiro, apareceu o filho mais novo do pajé, o rapaz da tala de plástico que eu vira na véspera, Neno Mãhi. Agora estava sem a tala. Veio contar a história do atropelamento. Disse que precisava de um advogado para processar o motorista do caminhão. Contou que foi atropelado e abandonado na estrada, como se tudo tivesse acontecido na véspera. O caminhoneiro fugiu, mas ele sabia quem era. Eu mal tinha chegado à aldeia. Fiquei escandalizado com a história, me solidarizei com ele. Neno disse que nunca mais ia poder trabalhar. Queria indenização. Mais tarde, quando repeti a história ao antropólogo e ele me falou que não era bem assim, entendi que, por ser o recém-chegado, eu também era o bobo da aldeia, o alvo mais fácil das histórias em que ninguém mais acreditava.

Nove noites, Bernardo Carvalho

Texto 2:

Vera volta ao quarto do Clemente vigiar o seu repouso. Encontra bisavó e bisneto em conversa fechada. Interfere.

– Que conversa é essa?
– Falávamos da encarnação.
– Por que contas essas histórias, avó?
– O teu filho tem destino da água. Ele é atraído pela tempestade. É um possesso, Vera.
– Não enche a cabeça do menino com essas fantasias, avó. Não vê que ele está transtornado?
– Deixa-me revelar-te alguns segredos da vida, minha Vera.
– Agora não, avó, estou cansada. Fica para outro dia.

O rosto da velha ganha uma ligeira tristeza. Sempre que tenta comunicar, não encontra espaço. Os jovens dizem que as ideias dos velhos são fábulas, mitos, cantigas de embalar. A vida moderna torna as gerações incomunicáveis. A nova língua afasta as pessoas das suas origens.

O sétimo juramento, Paulina Chiziane

Texto 3:

Passaram no mesmo concurso para a mesma firma, mas não se encontraram durante os testes. Foram apresentados no primeiro dia de trabalho de cada um. Disseram prazer, Raul, prazer, Saul, depois como é mesmo o seu nome? Sorrindo divertidos da coincidência. Mas discretos, porque eram novos na firma e a gente, afinal, nunca sabe onde está pisando. Tentaram afastar-se quase imediatamente, deliberando limitarem-se a um cotidiano oi, tudo bem ou, no máximo, às sextas, um cordial bom fim

• 22

O texto narrativo

de semana, então. Mas desde o princípio alguma coisa – fados, astros, sinas, quem saberá? – conspirava contra (ou a favor, por que não?) aqueles dois.

"Aqueles dois", Caio Fernando Abreu

Texto 4:

Eu vou jantar com os amigos da Bruna, amigos do trabalho. Eles sabem que a gente é um casal, porque a Bruna não tem problemas com isso. Eu tenho. Quer dizer, já tive mais, mas agora consigo lidar até bem com essa questão de sexualidade, claro, dentro da minha cabeça. Não conto para muitas pessoas, tem gente que não precisa saber, não faz diferença. Por exemplo, as minhas colegas de trabalho não precisam saber, nem a minha família. Minha família adora a Bruna, eles só acham engraçado ela morar comigo, já que é uma mulher feita que tem uma carreira relativamente estável, sabe? Acham que ela poderia já estar casada, morando com um marido bacana. Aí, eles mesmos se desdizem, ah mas hoje em dia tá assim, pode casar tarde mesmo, primeiro tem que estudar, fazer um pé de meia pra depois pensar em ter uma família, acho que ela tá certa. Acontece que eu e a Bruna somos uma família, mas eu demorei para entender que éramos.

"Minha prima está na cidade", Natalia Borges Polesso

11.b. Transforme o diálogo no trecho de Paulina Chiziane (Texto 2) em discurso indireto. Por exemplo:

Vera entra no quarto e pergunta à avó o que estão conversando. A avó responde que estão falando da encarnação.

11.c. Imagine um diálogo entre o narrador e Neno Mãhi no trecho de Bernardo Carvalho (Texto 1). Ou seja, transforme o discurso indireto em discurso direto.

A ação

A ação é o modo como contamos ou narramos a história. Alguns acontecimentos dentro de uma história recebem maior ênfase e são condutores da ação. Ou seja, na narrativa é preciso que os fatos sejam contados ou escritos com conflitos geradores de ação. É preciso que os acontecimentos escapem à rotina, ou aos meros atos corriqueiros, e gerem conflitos e situações inusitadas em determinado tempo. Numa narrativa, as várias ações podem se relacionar de diferentes maneiras:

- por encadeamento: quando as ações se sucedem umas às outras por ordem temporal e de modo que o final de uma ação se encadeia com o início da seguinte
- por alternância: quando as ações se desenrolam separada e alternadamente, podendo fundir-se em determinado ponto da história
- or encaixe: quando se introduz uma ação em outra

Além disso, o começo e o final da história são fundamentais.

23 •

Manual prático de escrita em português/Developing Writing Skills in Portuguese

Atividade 12

12.a. O início e o final do texto narrativo são fundamentais numa história. Seguem os começos de alguns contos. Indique qual é o espaço, o tempo, o narrador e a personagem.

Texto 1:

Tudo começou com uma brincadeira quando ele ainda era criança. O menino subiu na cisterna com a capa de prata colada ao pescoço, espada de plástico azul em punho e gritava: pelos poderes de Graiscow. Depois pulava no chão fingindo voar. A família preocupava-se porque ele já era um moço com sombra de bigode e não abandonava o brinquedo infantil, mesmo que o desenho animado não passasse mais na TV. Às vezes ficava emburrado, pensativo. A mãe atribuía o fato ao fim do seriado.

Aos treze, completados em 24 de abril, muniu-se da capa e da espada e parou no portão da casa, de braços cruzados, olhar muito firme. Assim ficou por longos minutos. A avó que morava na casa de cima, disse que aquilo já passava dos limites e deveriam levá-lo a um psiquiatra. Levaram. A gota d'água para tomar tão difícil e dolorosa decisão familiar foi o dia em que o menino enfrentou um cachorro com sua espada de plástico, dizendo coisas esquisitas: "Não ouse me enfrentar, levantar a cabeça ou os olhos para me ver que sua cabeça rolará serra abaixo."

"Dublê de Ogun", Cidinha da Silva

Texto 2:

O meu medo é entrar na faculdade e tirar zero eu que nunca fui bom de matemática fraco no inglês eu que nunca gostei de química geografia e português o que é que eu faço agora hein mãe não sei.

O meu medo é o preconceito e o professor ficar me perguntando o tempo inteiro por que eu não passei por que eu não passei por que eu não passei por que fiquei olhando aquela loira gostosa o que é que eu faço se ela me der bola hein mãe não sei.

"Curso superior", de Marcelino Freire

Texto 3:

Neide nunca tinha pensado naquilo até que, mexendo um cremezinho de laranja na cozinha, a tevê sobre o balcão ligada, a nutricionista do programa das dez da manhã falou:

– Ninguém é obrigado a parecer velho.

Tirando aquela prisão de ventre que fazia até inchar a barriga, a bexiga que andava meio solta, a pressão que não baixava de jeito nenhum e a canseira provocada por aquele horror de exames que o médico tinha pedido, Neide considerou que, aos sessenta e quatro anos, até que não parecia velha.

"Aos sessenta e quatro", Cíntia Moscovich

• *24*

O texto narrativo

12.b. Relacione os seguintes desfechos com os começos das narrativas na atividade anterior.

A: Texto ____

Um grande alívio lhe ocorreu, e ela pensou que morrer era tão fácil e agradeceu a Deus muito e muito, ainda mais porque, ao fechar uma porta, Ele lhe abrira uma janela. Pensou também que ninguém é obrigado a parecer velho e que pior que envelhecer era morrer. Pensou que a doença era da vida e que os gêmeos ficariam preocupados assim que Alcindo lhes avisasse da cirurgia e da mudança das coisas. Pensou, pensou, pensou. Entregou-se ao torpor com quase felicidade.

B: Texto ____

A médica impressiona-se com a riqueza de detalhes dos sonhos do garoto e pergunta o que eles despertam nele. O garoto diz sentir-se aquele homem, o que corta as cabeças, é de ferro e voa com uma espada na mão. Um dublê de Ogum, ela intui.

C: Texto ____

O meu medo é que mesmo com diploma debaixo do braço andando por aí desiludido e desempregado o policial me olhe de cara feia e eu acabe fazendo uma burrice sei lá uma besteira será que vou ter direito a uma cela especial hein mãe não sei.

Atividade 13

13.a. O miniconto é um tipo de conto muito pequeno que nos últimos anos ganhou muito espaço na literatura de diversos países. Alguns valores importantes são concisão, narratividade, efeito, abertura e exatidão, como no exemplo de Cíntia Moscovich, "Uma vida inteira pela frente. O tiro veio por trás". Leia estes minicontos e escreva um desfecho para cada um. Depois, compare com o texto original. Coincidem com o que você escreveu?

Miniconto 1:

José tinha um verso do poeta morto tatuado na barriga, logo abaixo do umbigo. Um dia, a família viva do poeta morto viu José refestelando na areia da praia, com o tal verso bem à vista, logo acima da sunga amarela. Horrorizada com o acinte, a família processou. Era um inequívoco oferecimento da obra ao conhecimento público – e num local de frequência coletiva.

"Tatuagem", Veronica Stigger

Miniconto 2:

O menino no sinal me pede uma esmola. Vê o meu rosto cansado, os meus músculos bradando urgências, a minha vida resfolegando, os meus sustos. Eu digo, no sinal, que fujo de alguma coisa rumo a outra que está muito longe.

Manual prático de escrita em português/Developing Writing Skills in Portuguese

O menino me dá uma esmola: seu sorriso. No tempo que para, percebo que sou eu a sorrir no menino enquanto sou eu do lado de cá, dentro do carro, e eu e o menino nos fitamos com um só olhar. Sem desespero e sem esperança.

"Presente", Adriana Lisboa

Miniconto 3:

Teresa saiu de casa às seis da manhã. A cada poste sonolento alguém lhe estendia as mãos. A paisagem borrada passava sacudida pelas suas vistas. Seu objetivo era chegar ao escritório de telemarketing, onde trabalhava em favor dos direitos humanos. Do outro lado da cidade. Ela morava no bairro da Liberdade. No início do expediente, ela, a mais experiente da turma utilizava cinco minutos para lembrar aos colegas a importância do trabalho. Dizia: "este espaço é importante, porque reconhecemos a necessidade de ajuda mútua para tornar o mundo melhor etc. etc." Ela caprichava para não esquecer os erres. Após os aplausos matutinos, todos se dirigiam para suas respectivas cabines. Os crachás davam bom dia e sorriam. O ar era sempre muito frio. As paredes pálidas recheadas por colagens. Mensagens positivas. Autores desconhecidos. Teresa, que já era supervisora, terminou a breve palestra do dia com a cabeça fervendo. Colocou a mão na testa e fez uma careta. Não estava com febre. Parece que o comentário inverossímil do atendente da cabine dois, sobre o canal onze, a respeito do assassinato do mendigo Florisvaldo, fez Teresa relembrar o caminho retorcido até o trabalho.

"Direitos humanos", Evanilton Gonçalves

13.b. Escreva um miniconto de 100 palavras incluindo os elementos da narração que apareceram até agora: ação, espaço, tempo e personagens.

4. A intertextualidade

Uma outra característica importante dos textos narrativos literários é a intertextualidade, que ocorre quando há uma referência explícita ou implícita de um texto a outro, quer seja literário, cinematográfico, pictórico, etc. A intertextualidade pode se manifestar em diferentes níveis: como epígrafe, fragmento de texto que serve de lema de uma obra, podendo dar apoio temático ao texto ou resumir o sentido dele; como alusão, tipo de referência, geralmente indireta, proposital ou casual, a certa obra, personagem, situação, etc., que insere a obra que a contém numa tradição comum considerada digna de preservar-se; como paráfrase, que é a interpretação, explicação ou nova apresentação de um texto para torná-lo mais inteligível ou sugerir um novo enfoque para o seu sentido; e como paródia, que imita, cômica ou satiricamente, o tema ou/e a forma de uma obra séria.

Texto 1:

No meio do caminho tinha uma pedra
Tinha uma pedra no meio do caminho

• 26

O texto narrativo

Tinha uma pedra
No meio do caminho tinha uma pedra.

Nunca me esquecerei desse acontecimento
Na vida de minhas retinas tão fatigadas.
Nunca me esquecerei que no meio do caminho
Tinha uma pedra
Tinha uma pedra no meio do caminho
No meio do caminho tinha uma pedra.

"No meio do caminho", Carlos Drummond de Andrade (1928)

Texto 2:

No meio do caminho tinha uma pedra porosa. Dava para ver seus grãos. Chegando mais perto, raios finíssimos de sol atravessavam a pedra. Mais perto ainda, um turbilhão, um pequeno redemoinho (uma galáxia) se movia lá dentro, no leve corpo da pedra.

A pedra, no meio do caminho, era permeável: se chovesse, ficava encharcada. O vento a enchia de poeira, pólen e cadáveres de insetos. O calor do meio-dia a deixava com sono e sede. A neblina que às vezes baixava no fim da tarde invadia a pedra, no seu corpo as nuvens trafegavam sem pressa. Os sons passavam por ela e iam se extinguir em algum lugar desconhecido. Na pequena galáxia dentro da pedra havia pequenos planetas orbitando em torno de sóis de diamante.

"Densidade", Adriana Lisboa

Atividade 14

14.a. O texto de Adriana Lisboa faz uma alusão ao poema de Carlos de Drummond, e também oferece uma interpretação do texto original. Compare o sentido dos dois textos.

14.b. Leia o trecho do livro *Macunaíma* (1928), de Mário de Andrade. Compare a caracterização romântica do indígena por José de Alencar em *Iracema* (1865), da atividade 10.a., com sua caracterização modernista, por Mário de Andrade. Que tipo de intertextualidade existe?

No fundo do mato virgem nasceu Macunaíma, herói de nossa gente. Era preto retinto e filho do medo da noite. Houve um momento em que o silêncio foi tão grande escutando o murmurejo do Uraricoera, que a índia tapanhumas pariu uma criança feia. Essa criança é que chamaram Macunaíma.

Já na meninice fez coisas de sarapantar. De primeiro passou mais de seis anos não falando. Se o incitavam a falar exclamava:

–Ai! que preguiça!" e não dizia mais nada. Ficava no canto da maloca, trepado no jirau de paxiúba, espiando o trabalho de outros e principalmente os dois manos que tinha, Maanape já velhinho e Jiguê na força de homem. O divertimento dele era decepar cabeça de saúva. Vivia deitado mas se punha os olhos em dinheiro, Macunaíma dandava pra ganhar vintém.

Macunaíma, Mário de Andrade

5. A fase de criação

Atividade 15

Agora que conhece todos os elementos que formam parte de um texto narrativo, leia de novo o texto da atividade 5.c., "Domingo no parque", e responda às seguintes perguntas.

1 Qual é o tema do relato?
2 Qual é o tempo?
3 Qual é o foco narrativo? Qual é o narrador?
4 Como se descrevem as personagens?
5 Comente o começo e o fim da narrativa.
6 Escreva em algumas linhas um outro desfecho possível.

Atividade 16

Levando em conta tudo o que aprendeu neste capítulo, escreva seu próprio relato, com cerca de 500 palavras, a partir das seguintes indicações. Não se esqueça de dar um bom título.

1 Selecione um tema.
2 Anote todas as palavras-chaves e ideias associadas ao tema.
3 Escolha um destinatário (um leitor) para seu texto (um conhecido, uma criança, um adulto, um amigo, etc.)
4 Adote um tom apropriado para o tipo de leitor escolhido (formal, informal).
5 Faça com que seu texto responda a seis perguntas fundamentais: o quê, quem, como, onde, quando e por quê.
6 Escolha o tipo de narrador (personagem, observador, onisciente).
7 Decida os tempos verbais mais adequados a sua narração.
8 Pense no espaço onde vai acontecer a ação.
9 Eleja algumas personagens e decida se vai usar monólogos, diálogos, etc.
10 Pense em um desfecho.

Capítulo 2
O texto descritivo

Em que consiste?

O texto descritivo é um tipo de texto que envolve a descrição de algo, seja de um objeto, pessoa, animal, lugar, acontecimento, e sua intenção é, sobretudo, transmitir para o leitor as impressões e as qualidades de algo. A descrição pode ter um caráter informativo, no qual se apresenta informação objetiva, ou subjetivo, quando além da informação se transmitem diferentes nuanças estéticas e estilísticas próprias da linguagem poética.

Alguns exemplos de textos em que aparece a descrição objetiva ou informativa são: as definições de um dicionário ou de uma enciclopédia, o resumo de um livro, as instruções que acompanham um produto, a bula de um medicamento, os anúncios da seção de classificados de um jornal.

Alguns exemplos de textos em que aparece a descrição subjetiva são: a narrativa literária, a poesia, os artigos de opinião de um jornal, os textos publicitários.

O texto descritivo não é, por norma, um tipo de texto independente, encontrando-se presente em outros tipos de textos. Geralmente existe uma relação entre a descrição de caráter objetivo ou subjetivo e o tipo de texto. Por exemplo, em um texto de ficção ocorrem mais recursos descritivos de caráter subjetivo para caracterizar detalhadamente um objeto, um lugar ou uma pessoa, do que em um texto jurídico, no qual a descrição, além de informar, pode também servir ao propósito retórico de convencer o leitor, ao chamar sua atenção para algum detalhe significativo.

1. A descrição e seu contexto

A descrição articula-se a partir de elementos gramaticais como os verbos, os advérbios e os adjetivos. Neste capítulo focalizaremos o uso do adjetivo, já que esse é o principal elemento da descrição, através do qual se atribuem diferentes nuanças a um substantivo. Para entender como funciona a descrição, precisamos levar em conta o que o falante quer mostrar, manifestar ou comunicar em um contexto determinado. Além do contexto, também é preciso considerar o tipo de substantivo que o adjetivo qualifica para determinar se adjetivo e substantivo combinam. Também é importante lembrar-se

Manual prático de escrita em português/Developing Writing Skills in Portuguese

de que mesmo que os adjetivos sejam sinônimos, às vezes não são intercambiáveis, e por isso é importante estudar cada exemplo em seu contexto.

Preste atenção à diferença de uso e nuança entre os seguintes adjetivos em inglês:

- *Big*: trata-se de um adjetivo que dependendo do contexto pode expressar um valor subjetivo ou objetivo:

  Ex. *The Bancroft Library houses a big collection of manuscripts.*
  Possível tradução: A Biblioteca Bancroft abriga uma grande coleção de manuscritos. (subjetivo)
  Possível tradução: A Biblioteca Bancroft abriga uma coleção de manuscritos (bastante) grande. (objetivo)

- *Great*: é um adjetivo com um valor subjetivo que pode imprimir uma nuança de admiração em relação ao que descreve

  Ex. *She is a great person.*
  Possível tradução: É uma grande pessoa.

- *Grand*: somente se usa com alguns substantivos e, ao invés de referir-se propriamente ao tamanho, expressa uma valorização descritiva de caráter estético.

  Ex. *She won the grand prize for her recital on the grand piano.*
  Possível tradução: Ela ganhou o prêmio principal por seu recital no piano de cauda.

Agora preste atenção aos seguintes exemplos em português e às diferentes nuanças que os adjetivos expressam em relação ao contexto em que aparecem:

- Contexto informativo (objetivo)

  Ex. O velho se sentou no *banco longo* do jardim para ler o jornal.
  Possível tradução: *The old man sat down on the long bench in the garden to read the newspaper.*

Significado do adjetivo	Interpretação da descrição
O falante indica que o velho se sentou "no banco longo" e não "no banco curto." O ouvinte percebe que se trata de uma descrição objetiva, ou seja, uma classificação do tipo de mesa.	Mesmo que não seja explícito, possivelmente havia mais de um banco, e por isso o falante queria diferenciar ou contrastar o tipo de banco.

- Contexto poético ou literário (subjetivo)

  Ex. O velho se sentou no *longo banco* do jardim para ler o jornal.
  Possível tradução: *The old man sat down on a long bench in the garden to read the newspaper.*

• *30*

O texto descritivo

Significado do adjetivo	Interpretação da descrição
O falante quer mostrar que o banco é "particularmente longo", e o ouvinte percebe que se trata de uma descrição mais subjetiva ou própria de um contexto poético ou literário.	Não se sabe se há mais de um banco, mas, pela posição do adjetivo, fica claro que o falante não está preocupado em mostrar esta diferença ou contraste.

O ADJETIVO E SEU CONTEXTO
ADJETIVO + SUBSTANTIVO + ADJETIVO
antes   depois
(subjetivo)   NUANÇA   (objetivo)

CONTEXTO (REGISTRO)

Como se pode ver, a posição do adjetivo está estreitamente ligada ao contexto. O tipo de adjetivo (de pessoa ou de coisa) e o tipo de substantivo (concreto ou abstrato) também condicionam o ato descritivo:

Ex. A professora é muito indulgente.
Possível tradução: *The teacher is very lenient.*

Portanto, por tratar-se de um adjetivo de pessoa, não seria apropriado dizer:

Ex. *Seu cachorro é muito indulgente.
Ex. alternativo: Seu cachorro é muito manso. (*Your dog is very tame.*)
Ex. *Você poderia me indicar um filme indulgente?
Ex. alternativo: Você poderia indicar um filme cativante? (*Could you suggest a captivating film?*)

Na hora de acrescentar nuanças descritivas é muito importante considerar:

1   o tipo de adjetivo (pessoa/coisa): ex. (um jovem) enérgico/(um alimento) energético;
2   o tipo de substantivo (concreto/abstrato): ex. a casa (grande)/o lar (aconchegante);
3   a nuança que se procura no adjetivo (subjetivo/objetivo): ex. minúsculo, -a/pequeno, -a;
4   o contexto (poético/informativo): ex. um distante reino/uma cidade distante;
5   o tipo de registro (popular/culto ou acadêmico): ex. estúpido, -a/acéfalo, -a.

Atividade 1

É importante escolher bem os adjetivos em função do tipo de substantivo que descreve e seu significado. Complete os seguintes mapas mentais, prestando atenção ao tipo de substantivo. Pode usar um dicionário de sinônimos. Veja o capítulo 7 para mais informação.

31 •

Manual prático de escrita em português/Developing Writing Skills in Portuguese

um EDIFÍCIO	um AMIGO	um GESTO
particular	sincero	carinhoso
público	falso	ríspido

Atividade 2

Os sinônimos não somente ajudam a variar a linguagem, mas também a modificar o significado. Cada sinônimo pode transmitir uma nuança ligeiramente distinta, e o registro pode variar segundo o adjetivo. Por exemplo, alguns dos sinônimos do adjetivo "ruim" são: mau, chato, inferior, maléfico, portanto "ruim" pertence ao registro comum, assim como "maléfico" é mais próprio do registro culto.

2.a. Complete as letras que faltam para obter os seguintes adjetivos sinônimos.

RUIM

mau	inferior
im_re_t_vel	pe_ve_so
_nca_az	or_in_rio
r_l_s	som_no_
ch_é	_od_e
p_rn_cio_o	de_eri_ra_o
_ncon_en_ente	co_rup_o
_er_g_so	e_tra_a_o
n_c_vo	ne_as_o
_alv_d_	f_ne_to
ce_er_do	_atídi_o
miserável	abominoso

2.b. Mesmo que os adjetivos do quadro acima sejam sinônimos de "ruim" alguns se usam para descrever pessoas, coisas, ou para ambas categorias. Escolha dois adjetivos de pessoa e dois de coisa e escreva uma frase com cada um deles.

*   Adjetivo de pessoa: ex. corrupto
*   Adjetivo de coisa: ex. estragado

Atividade 3

3.a. Os seguintes adjetivos são sinônimos de "necessário", "frio" e "difícil", mas, mesmo assim, expressam nuanças diferentes dependendo do substantivo que modificam. Classifique-os de acordo com seu significado.

imprescindível • árduo • gelado • oportuno • complicado • inevitável • penoso • insensível • primordial • severo • tranquilo • doloroso • apático • tempestuoso • implacável • obrigatório • distante • preciso

• *32*

O texto descritivo

necessário (6 adjetivos)	frio (6 adjetivos)	difícil (6 adjetivos)
indispensável	_indiferente_	_duro_

3.b. Escolha o adjetivo que melhor se adequa ao substantivo das seguintes orações. Alguns funcionam como colocações lexicais, isto é, adjetivos que se associam normalmente a determinados substantivos.

1   O técnico conseguiu motivar o time no momento _____ e assim virou o jogo.
a. primordial   b. oportuno   c. inevitável

2   Criar novas amizades em um outro lugar pode ser um processo _____.
a. penoso   b. impetuoso   c. tempestuoso

3   O _____ trabalho de mineração exige força e concentração.
a. severo   b. complicado   c. arriscado

4   O alimento é _____ para a vida.
a. inevitável   b. útil   c. imprescindível

5   Os acordos assinados entre os países constituem um passo _____ em direção à mitigação da mudança climática.
a. primordial   b. preciso   c. obrigatório

6   Ela se cansou da atitude _____ do amigo e resolveu não ligar mais para ele.
a. plácido   b. insensível   c. distante

7   O _____ jogador olhou bem nos olhos do goleiro antes de marcar o pênalti.
a. distante   b. implacável   c. tosco

8   O professor ficou irritado com o comportamento _____ do aluno.
a. apático   b. tranquilo   c. gelado

9   A velha cansou-se do _____ sobe-e-desce das ladeiras da região, por isso mudou-se para um bairro plano.
a. tempestuoso b. complicado   c. árduo

10 A fiscalização da lei implicou um esforço _____ por parte dos governantes.
a. grave   b. laborioso   c. doloroso

Atividade 4

4.a. Nem todos os adjetivos podem modificar um mesmo substantivo. Elimine o adjetivo que por sua definição não costuma descrever o substantivo.

Manual prático de escrita em português/Developing Writing Skills in Portuguese

1   uma bebida . . .
    a. intrépida   b. refrescante   c. alcóolica   d. quente

2   um romance
    a. urbano   b. histórico   c. azedo   d. regionalista

3   uma criança
    a. mimada   b. prateada   c. fofa   d. birrenta

4   um pátio
    a. ensolarado   b. privado   c. fechado   d. melancólico

5   uma cidade
    a. nervosa   b. sustentável   c. pequena   d. global

4.b. Selecione os três adjetivos que melhor combinam com cada um dos seguintes substantivos. Não se esqueça de fazer a concordância.

comprido • dourado • pesado • malicioso • falso • inconfessável • masculino • deteriorado • grosso • universitário • aplicado • sensato • elegante • sofisticado • caro

1   uma aluna
2   um restaurante
3   uma chave
4   um segredo
5   uma carteira

4.c. No exercício anterior, aparecem os elementos possíveis para elaborar um micro-conto (uma aluna, um restaurante, uma chave, um segredo e uma carteira). Escreva um texto curto (200 palavras) no qual você incorpore alguns adjetivos do exercício acima ou dos anteriores. Lembre-se do que aprendeu no capítulo 1 e não se esqueça do título.

Atividade 5

5.a. Em seguida aparece uma série de descrições de frutas de acordo com o mês em que são típicas. Preste atenção ao sentido informativo e objetivo dos adjetivos e coloque-os no lugar correspondente. Não se esqueça de fazer a concordância.

1   dezembro-janeiro

        espinhoso • ácido • esverdeado • adocicado • complicado • doce

    Quando maduro, esta fruta apresenta um sabor muito _____ e muitas vezes _____. Cultivam-se várias espécies, destacando-se a variedade Pérola, de polpa amarelo-pálida, sabor bastante _____ e casca _____. Este fruto é conhecido como o rei dos frutos por causa da sua coroa. Na gíria brasileira, significa algo _____, devido ao seu aspecto _____.

• 34

O texto descritivo

2   fevereiro-março

> suculento • diverso • amarelado • tropical • delicado • exótico

Planta originária do Sul da Ásia, atualmente cultivam-se entre 500 e 1000 variedades em _____ regiões do mundo. Esta fruta é considerada uma das mais _____ e a rainha das espécies _____ por ter uma polpa _____ e um sabor _____. Quando está madura, sua cor tende a ser _____, portanto pode ocorrer de a fruta estar madura, mas com coloração verde.

3   abril-maio

> arredondado • mole • digestivo • arroxeado • rico • comestível

O chá das folhas desta árvore serve para ajudar na digestão e para combater a infecção de garganta e tosse. A parte _____ é a polpa de consistência _____ e _____ em proteínas, gordura e vitaminas. Possui uma forma _____ e uma casca verde ou _____. Como sua gordura se digere facilmente, é indicada para pessoas que apresentam problemas _____.

4   junho-julho

> pálido • adocicado • calmante • macio • alongado • laxativo

Parecido com a papaia, este fruto é mais _____ e _____, e possui uma casca _____ com uma polpa que varia do amarelo-_____ até o laranja. Contém grandes quantidades de sais minerais, cálcio, fósforo, ferro, sódio e potássio, vitaminas A e C, e tem propriedades _____ e _____.

5   agosto-setembro

> doce • lustroso • rasteiro • alto • arejado • escuro

Pertencendo a mesma família do pepino, da abóbora e do melão, esta fruta _____ se origina da África. Quando de boa qualidade, apresenta uma casca _____ e sem manchas _____. Sua polpa vermelha e _____ possui um _____ teor de água. Conserva-se bem por uma semana, em lugar fresco e _____.

6   outubro-novembro

> salgado • rosado • eficaz • floral • torrado • litorâneo

Esta fruta é constituída de duas partes: a castanha que é a fruta propriamente dita, e o pedúnculo _____, um pseudofruto, que pode ser amarelo, _____ ou vermelho. A castanha, depois de _____ e _____, come-se como petisco. A árvore

Manual prático de escrita em português/Developing Writing Skills in Portuguese

é nativa da região _____, e suas folhas são _____ na cicatrização de feridas

Adaptado de http://brasilescola.uol.com.br

5.b. Agora que completou os textos, ligue as descrições com a fruta.

1	dezembro-janeiro	a	mamão
2	fevereiro-março	b	caju
3	abril-maio	c	abacaxi
4	junho-julho	d	manga
5	agosto-setembro	e	abacate
6	outubro-novembro	f	melancia

5.c. Na tabela abaixo aparecem alguns sufixos de adjetivos e o que significam. Complete-a com exemplos de adjetivos do exercício anterior e acrescente mais quatro da sua escolha.

Sufixos: *-az, -ento, -lento, -into, -enho, -onho, -oso, -udo*	**Sufixos:** *-eo, -aco, -aico, -ano, -ão, -enho, -eno, -ense, -ês, -eu, -ino, -ista*	**Sufixos:** *-ável, -ível, -óvel, -úvel, -iço, -ivo*
Significado: qualidade em abundância, intensidade.	**Significado:** natureza, origem, que tem a qualidade de.	**Significado:** possibilidade, tendência.
Exemplos: 1 2 3 4 5	**Exemplos:** 1 2 3 4 5	**Exemplos:** 1 2 3 4 5

5.d. Escolha uma fruta de que você gosta e escreva uma descrição de 100 palavras. Você pode utilizar os adjetivos dos exercícios anteriores e acrescentar outros.

2. A colocação do adjetivo (I)

O adjetivo geralmente fica depois do substantivo que ele modifica. Portanto, dependendo do significado, os adjetivos podem apresentar diferentes valores. Assim, é possível distinguir adjetivos com valor restritivo e adjetivos com valor não restritivo, o que vai determinar sua colocação antes ou depois do nome. Veja os exemplos:

- austríaco, -a: É um adjetivo mais restritivo porque seu significado primário identifica nacionalidade ou origem.

    Ex. uma taça *austríaca* (*an Austrian goblet*)

• *36*

O texto descritivo

- delicado, -a: É menos restritivo porque seu significado primário descreve uma qualidade que pode ter também um valor estético.
- Se juntamos os dois adjetivos, podemos perceber melhor como contribuem à descrição de um substantivo:

  Ex. uma *delicada* taça de cristal *austríaco* (*a delicate, Austrian crystal goblet/a delicate goblet made of Austrian crystal*)

  Ex. o *delicado* cristal *austríaco* (*the delicate Austrian crystal*)

- Esse mesmo adjetivo também pode ter um valor restritivo, embora mais atenuado e em um contexto muito concreto:

  Ex. Sempre lavo taças *delicadas* à mão. (*I always hand-wash delicate goblets.*) Isto é, taças que não se lavam na lava-louças.

O adjetivo posposto, isto é, que vem depois do substantivo, tem um valor concreto que, em geral, expressa um caráter informativo ou objetivo, que exige uma interpretação literal. Portanto, um adjetivo em posição anteposta tem o efeito de nuançar o sentido do adjetivo e implica uma interpretação subjetiva, diferenciando-o de alguma maneira de seu significado habitual. Isso ocorre principalmente nos seguintes casos:

1 Para expressar uma nuança concreta dentro do mesmo significado.

- Como adjetivo anteposto, ou seja, que vem antes do substantivo, ele tem um valor explicativo, isto é, explica uma qualidade do substantivo:

  Ex. Os *generosos moradores* doaram alimentos e roupas para as vítimas do incêndio. (*The residents were generous and donated food and clothing to the fire victims.*)
  Descreve-se aí uma qualidade: o falante expressa que *todos os moradores são generosos*, e como resultado todos os moradores doaram alimentos e roupa.

- No entanto, como adjetivo posposto ou especificativo ele descreve uma qualidade que restringe, especifica ou classifica o substantivo em relação com uma qualidade concreta:

  Ex. Os *moradores generosos* doaram alimentos e roupas para as vítimas do incêndio. (*It was the generous residents who donated food and clothing to the fire victims.*)
  Além de descrever, classifica-se ou contrasta-se aí uma qualidade: o falante expressa que *somente os residentes que são generosos* doaram alimentos e roupas.

- Como diferença de nuança que está relacionada com o significativo do adjetivo posposto:

  Ex. Comprei uma sanfona antiga. (*I bought an old accordion.*)
  Isto é, o falante especifica que se trata de uma sanfona muito velha.

37 •

Manual prático de escrita em português/Developing Writing Skills in Portuguese

> Ex. Comprei uma antiga sanfona de Luiz Gonzaga. (*I bought an accordion that formerly belonged to Luiz Gonzaga.*)
> Isto é, o falante explica que se trata de uma sanfona que talvez seja velha, mas aqui o significado principal é que o dono anterior da sanfona era Luiz Gonzaga.

2   Para expressar um uso mais poético do adjetivo.

- Em muitos casos a posição do adjetivo tem a ver com nuança de subjetividade ou com o tom expressado pelo falante:

  > Ex. É *uma música alegre*. (*It's a cheerful song.*)
  > O falante diz que a música é alegre e que não é triste; o adjetivo serve para classificar.
  > Ex. É *uma alegre música*. (*It's a happy song.*)
  > A música parece alegre ao falante, e o adjetivo expressa um ponto de vista subjetivo.

- Também podem se combinar as duas posições do adjetivo:

  > Ex. Era um menino alegre, e seu alegre olhar dizia tudo. (*He was a fun boy, and his happy look said it all.*)
  > O falante realça que "era um menino alegre", classificando o menino, e que o olhar do menino "lhe parecia alegre", é sua opinião ou percepção particular.

3   Para expressar uma nuança de ênfase ou ironia.

É importante se lembrar de que a posição anteposta do adjetivo tem uma função concreta, como se vê nos exemplos seguintes em que o adjetivo se antepõe para dar ênfase ou expressar uma nuança irônica:

> Ex. A criançada entrou e fez uma *bela bagunça* na casa toda. (*The kids came in and made a fine mess throughout the house.*)
> Ex. Achei que esse era um *bom momento* para fazer um investimento estratégico. (*I believed the time was right to make a strategic investment.*)
> Ex. Vem cá, seu pequeno malandro, quero conversar com você! (*Come here you little rascal, I want to have a word with you!*)

4   Com adjetivos que sempre vão antepostos.

Há alguns adjetivos que sempre vão antepostos: ex. chamado, demais, mero. Veja a tabela a seguir:

> Ex. Uma pesquisa recente mostra que a mera presença do smartphone reduz a capacidade cerebral de seu dono. (*A recent study shows that the mere presence of one's smartphone reduces brain power.*)

Esta tabela resume algumas das principais implicações de significado que um adjetivo pode assumir em função de sua posição. Preste atenção aos exemplos e na explicação.

• *38*

O texto descritivo

Adjetivo anteposto ou explicativo (subjetividade)	Adjetivo posposto ou especificativo (objetividade)
1. *Explicar* ou atribuir uma qualidade Ex. A *famosa* escritora passou horas escrevendo dedicatórias no lançamento. (= Era uma escritora famosa e escreveu dedicatórias.)	**1. *Especificar* ou comparar uma qualidade** Ex. A escritora *famosa* passou horas escrevendo dedicatórias no lançamento. (= De todas as escritoras, a mais famosa escreveu dedicatórias, as outras não eram tão famosas.)
2. Dar uma *opinião* (subjetivo) Ex. Ele estuda em uma prestigiosa universidade. (= Eu acho que é prestigiosa.)	**2. *Qualificar* o significado (objetivo)** Ex. Ele estuda em uma prestigiosa universidade. (= Qualifica o tipo de universidade.)
3. *Nuançar* uma qualidade Ex. A criança se emocionou ao receber uma *nova* bicicleta. (A bicicleta substitui a que tinha antes; pode ser de segunda mão.)	***Qualificar* uma qualidade** Ex. A criança se emocionou ao receber uma bicicleta *nova*. (Recebeu uma bicicleta completamente nova; é a primeira pessoa a tê-la.)
4. *Enfatizar* Ex. Denunciaram o *maldito* padrão de beleza que a sociedade impõe.	***Diferenciar*** Ex. Dizem que ela mora numa casa *maldita*.

Atividade 6

6.a. Explique em que se diferenciam os dois seguintes exemplos levando em conta as nuanças que o adjetivo expressa em cada um. Pense no contexto em que você o usaria.

1. *He patched a* small *hole in the wall*.
2. *He patched a* little *hole in the wall*.

6.b. Como você traduziria as frases utilizando o adjetivo "pequeno" para ambos exemplos? Decida e justifique em qual colocaria o adjetivo anteposto ou posposto.

Atividade 7

7.a. Os seguintes trechos pertencem ao romance *Eles eram muitos cavalos*, de Luiz Ruffato. Preencha as lacunas com os adjetivos e não se esqueça de fazer a concordância. Preste atenção à posição dos adjetivos.

1.

saudável • vivaz • pequeno • crespo • longo • vermelho

Oito anos tem a menina, _____ olhos betuminosos e duas _____ tranças negras, penelopemente entrelaçadas pela mãe antes de ir para o serviço, nos primeiros barulhos do dia. Os cordames, grossos e _____, fiam-se em duas largas fitas de cetim _____, que ela ostenta espigada.

Faltam carnes à menina, mas trata-se de uma magreza _____, elegante. Quando caminha, seu _____ corpo intuitivamente reconstrói o tempo à sua volta, ciente apossa-se da sua quadra no mundo.

Manual prático de escrita em português/Developing Writing Skills in Portuguese

2.

> inveterado • especializado • freudiano • angustiado • português • exímio

Psicanalista (_____, é bom que se diga), formado em psicologia na PUC. É um ser _____, fumante _____, leitor voraz, culto, sofisticado, _____ conhecedor de vinhos (o com sotaque _____ é sua especialidade), diversos artigos publicados em revistas _____ e em livros, seu forte são os problemas da adolescência.

3.

> branco • frágil • minúsculo • azul • cinzenta • úmido • rústico

No _____ cômodo cheirando a doença expõem-se: sobre a mesinha-de-cabeceira um abajur de cúpula _____, o retrato de um bebê holocáustico, um copo-americano vazio, cartelas de remédio; os _____ braços magros de um Cristo de gesso contrastam com a verdescura parede _____; um _____ guarda-roupa de compensado; um tapete de barbante espichado no chão de tacos banguela. E, sob _____ lençóis de saco-de-estopa, abandonada, esqueleto espetando a pele _____, rija, ela.

7.b. Escolha quatro adjetivos antepostos e quatro pospostos dos trechos acima e explique seu significado. Leve em conta o contexto e o substantivo que o acompanha na hora de justificar suas respostas.

Adjetivos antepostos (subjetividade)

Ex.

Adjetivos pospostos (objetividade)

Ex.

3. A posição do adjetivo (II): adjetivos antepostos e pospostos que mudam de significado

Adjetivos antepostos e pospostos

Na seguinte tabela aparecem os principais adjetivos que mudam de significado dependendo da colocação. Em alguns casos os significados têm distintas nuanças e em outros são muito diferentes. De qualquer modo, é preciso levar em conta que o tipo de adjetivo e o contexto podem determinar o significado.

• 40

O texto descritivo

Adjetivo anteposto (sentido explicativo)	Adjetivo posposto (sentido especificativo)
alto, -a (*high in a scale; at a high level*) um alto funcionário (*a high-ranking official*), alta noite (*deep in the night*), alto dia (*plain day*), em alto mar (*on the high seas*), alta sociedade (*high society*), alta pressão (*high pressure*), alta traição (*high treason*), alta voltagem (*high voltage*), em alto grau (*to a great degree*)	**alto, -a** (*high; tall*) um prédio alto (*a tall building*), um funcionário alto (*a tall official*), um coqueiro alto (*a tall palm tree*), uma febre alta (*a high fever*)
antigo, -a (*former; ancient*) uma antiga aluna (*a former student*), a Roma antiga (*ancient Rome*)	**antigo, -a** (*old; old-fashioned, antique*) um rádio antigo (*an old-fashioned radio*), um carro antigo (*an old car*), um vaso antigo (*an antique vase*)
autêntico, -a (*"real" as a superlative*) É um autêntico paraíso para fotógrafos! (*It's a real paradise for photographers!*)	**autêntico, -a** (*"real"in the sense of "genuine", not fake*) é uma pintura autêntica de Tarsila Amaral (*it's a real painting by Tarsila Amaral*)
baixo, -a (*low; poor*) baixo nível (*low level*), baixa qualidade (*low quality*), baixo teor em açúcares (*low in sugar*), a baixa-mar (*low tide*), a Baixa Idade Média (*the late Middle Ages*)	**baixo, -a** (*low; short*) um homem baixo (*a short man*), uma mesa baixa (*a low table*), de tom baixo (*low-pitched*)
bastante (*auite a lot*) ele tem bastante dinheiro (*he has quite a lot of money*)	**bastante** (*sufficient; enough*) ele tem dinheiro bastante (*he has enough money*)
bom, boa (*good; fine; fair*) um bom livro (*a good book*), bom tempo (*fair weather*), boas palavras (*fair words*), bom gênio (*good nature*), bom senso (*common sense*), boa tarde (*good afternoon*), os bons tempos (*the good days*)	**bom, boa** (*kind; "good" in a moral sense*) gente boa (*good people*)
certo, -a (*certain; one*) certo dia (*one day*), um certo homem (*a certain man*), a certa altura (*at one point*)	**certo, -a** (*correct; true; definite*) a resposta certa (*the right answer*), um homem certo (*a reliable man*)
clássico, -a (*classic; typical*) uma clássica história de sucesso (*a classic success story*)	**clássico, -a** (*classical*) música clássica (*classical music*)
curioso, -a (*odd; strange*) uma pessoa curiosa (*a strange person*)	**curioso, -a** (*curious; inquisitive*) uma criança curiosa (*a curious child*)
determinado, -a (*certain; particular*) determinadas pessoas preferem o tempo frio (*certain people prefer cold weather*)	**determinado, -a** (*fixed; determined*) um prazo determinado (*a fixed period of time*)
diferentes (*"different" in the sense of "various"*) cultiva diferentes tipos de bananas (*she grows various types of bananas*)	**diferentes** (*"different" in the sense of "not the same"*) mil tipos diferentes de bananas (*a thousand different type of bananas*)
diversos (*various*) diversas razões (*various reasons*)	**diversos** (*diverse; differing*) opiniões diversas (*differing opinions*)
eterno, -a (*the same old; undying*) a eterna pergunta (*the same old question*)	**eterno, -a** (*never-ending; everlasting*) o amor eterno de Romeu e Julieta (*Romeo and Juliet's everlasting love*)
forte (*large; considerable; intense; strong*) um forte desejo (*a strong desire*), um forte aumento (*a considerable increase*) um forte resfriado (*a bad cold*),	**forte** (*"strong" as in physical strength*) um lutador forte (*a strong fighter*)

Adjetivo anteposto (sentido explicativo)	Adjetivo posposto (sentido especificativo)
grande (*great*) uma grande mulher (*a great woman*)	**grande** (*big; large*) uma casa grande (*a big house*)
ligeiro, -a (*slight*) uma ligeira diminuição (*a slight decrease*)	**ligeiro, -a** (*light*) uma refeição ligeira (*a light meal*)
maldito, -a (*damned; "wretched" for emphasis*) Perdi as malditas chaves de novo! (*I lost my damned keys again!*)	**maldito, -a** (*cursed*) é um homem maldito (*he's a cursed man*)
mau (*bad*) mau tempo (*bad weather*)	**mau** (*bad; evil*) uma pessoa má (*an evil person*)
mesmo, -a (*same*) o mesmo dia (*the same day*)	**mesmo, -a** (*actual; very*) no dia mesmo do casamento (*the very day of the wedding*)
novo, -a (*another; replacement*) vesti uma nova camiseta porque a outra estava suja (*I put on a new t-shirt because the other one was dirty*)	**novo, -a** (*brand new*) comprei uma camiseta nova (*I bought a new t-shirt*)
pequeno, -a (*small; little*) uma pequena empresa (*a small business*)	**pequeno, -a** (*small, as opposed to big*) um apartamento pequeno (*a small apartment*)
pobre (*poor; pitiful*) as pobres crianças (*the pitiful children*)	**pobre** (*poor, not rich*) as crianças pobres (*the poor children*)
precioso, -a (*excellent; magnificient*) preciosos conselhos (*precious advice*)	**precioso, -a** (*precious*) uma pedra preciosa (*a precious stone*)
próprio, -a (*own; himself/herself*) a própria autora (*the writer herself*), seus próprios livros (*her own books*)	**próprio, -a** (*adquate; appropriate*) uma ocasião própria (*an appropriate occasion*)
próximo, -a (*next*) na próxima reunião (*at the next meeting*)	**próximo, -a** (*near; nearby*) no futuro próximo (*in the near future*)
puro, -a (*pure; exclusive*) pura maldade (*pure evil*)	**puro, -a** (*pure, clean*) água pura (*pure water*)
qualquer (*any*) qualquer dia (*any day*), qualquer hora (*any time*)	**qualquer** (*any ordinary*) não é um livro qualquer (*it's not an ordinary book*)
seguinte (*following*) leia o seguinte texto (*read the following text*)	**seguinte** (*next*) na linha seguinte (*the next line*)
semelhante (*such*) não toleramos semelhante ação (*we don't tolerate such action*)	**semelhante** (*similar*) é preciso uma ação semelhante (*similar action is needed*)
simples (*mere; nothing more than*) foi processado por um simples comentário (*he was sued for a mere comment*)	**simples** (*simple; plain; ordinary*) uma linguagem simples (*plain language*), uma casa simples (*an ordinary house*)
só (*soley; just*) uma só mulher (*just one woman*)	**só** (*alone*) uma mulher só (*a woman alone*)
único, -a (*only, single*) o único tema (*the only theme*), uma única ideia (*a single idea*)	**único, -a** (*unique*) uma oportunidade única (*a unique opportunity*), filho único (*only child*)
vário, -a (*several*) fizeram várias perguntas (*they asked several questions*)	**vário, -a** (*miscellaneous*) fizeram perguntas várias (*they asked miscellaneous questions*)
velho, -a (*old; former*) minha velha patroa (*my former boss*)	**velho, -a** (*old*) sapatos velhos (*old shoes*)
verdadeiro, -a (*real; veritable*) meu verdadeiro nome (*my real name*); um verdadeiro banquete (*a veritable feast*)	**verdadeiro, -a** (*true*) uma história verdadeira (*a true story*)

O texto descritivo

Atividade 8

Explique com uma frase equivalente o significado dos seguintes enunciados levando em conta a posição do adjetivo.

Ex. Esta poeta tem um estilo *simples*. (O estilo não é complexo)	Ex. Na época, ele era um *simples* escrevente. (Era um escrevente insificante)
1 Senti *fortes* dores nas pernas e tive que parar de correr.	1 Precisamos de uma pessoa *forte* para carregar o sofá.
2 Os professores receberam um *ligeiro* aumento no salário.	2 Ele prefere comida *ligeira*.
3. Vamos jantar no *próximo* sábado.	3 Jantaram em um restaurante *próximo*.
4 Nunca vi alguém trabalhar com *semelhante* empenho.	4 Ouvi uma música *semelhante* àquela.
5 Encontrei um *antigo* aluno no supermercado ontem.	5 Ela encontrou um livro *antigo* no sebo.
6 Lisboa é uma *grande* cidade.	6 São Paulo é uma cidade *grande*.
7 É melhor evitar *determinadas* áreas da cidade.	7 As crianças ganham uma mesada *determinada* dos pais.
8 Encontraram o *pobre* gatinho atrás da geladeira.	8 Aumentou o número de famílias *pobres* no país.
9 Como faço dieta, trouxe minha *própria* comida.	9 Ele estuda em uma escola *própria* para crianças dotadas.
10 Há uma *alta* demanda por profissionais bilíngues.	10 Moro num prédio *alto*.

Adjetivos que sempre vão antepostos

Alguns adjetivos sempre se colocam antes do substantivo. Aqui vão os principais:

Adjetivos que sempre vão antepostos	
ambos os (*both*)	ambas as cantoras receberam flores (*both singers received flowers*)
chamado, -a (*so-called*)	as chamadas economias emergentes (*the so-called emerging economies*)
demais (*the other, the rest*)	as demais casas (*the rest of the houses*)
mero, -a (*mere*)	uma mera formalidade (*a mere formality*)
muito, -a (*a lot of; many; much*)	estou com muita sede (*I am very thirsty*)
outro, -a (*another*)	outro exemplo
pouco, -a (*little; not much; few; not many*)	há poucos espectadores (*there are few spectators*)
suposto, -a (*supposed; alleged*)	o suposto ofensor (*the alleged offender*)
tanto, -a (*so much; so many*)	tantas pessoas (*so many people*)
último, -a (*last; final; latest; most recent*)	a última palavra (the last word), durante o último mês de 2004 (*during the final month of 2004*), as últimas fofocas (*the latest gossip*)

43 •

Manual prático de escrita em português/Developing Writing Skills in Portuguese

4. A descrição nos textos não literários

Conforme indicado acima, não existe um único tipo de texto descritivo, já que a descrição ganha maior ou menor importância segundo o gênero textual em que aparece. No caso dos textos narrativos, argumentativos, jornalísticos, etc., a descrição serve para concretar ou nuançar o significado do que se narra. Portanto, alguns adjetivos podem expressar o mesmo valor descritivo independentemente da sua posição antes ou depois do substantivo.

bastante	bastante confusão, confusão bastante
próximo	na próxima semana, na semana próxima
seguinte	o parágrafo seguinte, o seguinte parágrafo
suficiente	dinheiro suficiente, suficiente dinheiro

Deve-se notar, porém, que o primeiro exemplo de cada adjetivo é mais comum na língua coloquial. As diferentes razões que determinam a colocação final de um adjetivo correspondem a motivos estilísticos e têm a ver com o tom ou com as implicações do significado que o falante ou o escritor querem criar em um determinado contexto.

Atividade 9

9.a. Decida se os adjetivos que aparecem no seguinte texto vão antes ou depois do substantivo que modificam. Preste atenção ao significado e marque a opção correta.

Contra a desigualdade digital, computadores para mulheres negras

Com apenas 22 anos, Buh D'Angelo já é formada em eletrônica, (industrial) automação (industrial), manutenção, tecnologia da informação (TI) e robótica, certificados de (técnicos) cursos (técnicos) que vem acumulando desde os 16. No (último) ano (último), *inclusive*, resolveu incluir mais um diploma à sua (impressionante) coleção (impressionante) e começou a cursar bacharelado em sistemas da informação, para *aprimorar* os (diferentes) conhecimentos (diferentes) que já tem em programação.

"Desde criança eu gosto de desmontar e montar coisas", diz. Mas foi em 2013 que ela começou a direcionar essas habilidades para o (social) empreendedorismo (social). Naquele ano, fundou o Infopreta, um (amplo) projeto (amplo) que conserta computadores de (pobres) mulheres (pobres) por (acessíveis) preços (acessíveis), ou *até de graça*. Seu (forte) compromisso (forte) também a levou a criar a campanha Note Solidário da Preta, que conserta computadores doados por clientes para repassá-los a outras mulheres, estudantes, negras e de (baixa) renda (baixa), com (boas) notas (boas) no boletim.

"Resolvi criar o projeto porque eu sempre tive muitas dificuldades em conseguir o (simples) material (simples) que eu precisava para estudar tecnologia. A mulher negra, seja ela cisgênero ou transsexual, nunca está realmente inserida na sociedade. O meu (principal) objetivo (principal), então, é o de dar (novas) condições

• *44*

O texto descritivo

(novas) para que essa mulher, que *vive em vulnerabilidade*, consiga estudar e *se formar*", explica Buh. "Quem tem um computador hoje pode acessar a internet e, assim, ter acesso a livros e (variados) conteúdos (variados) para estudar", complementa. Em pleno século XXI, dados da Pesquisa Nacional por Amostra de Domicílios (Pnad), divulgada pelo IBGE, mostram que menos da metade (48%) dos (brasileiros) domicílios (brasileiros) têm computadores – e 86% desses dispositivos têm acesso à internet. A maior inclusão digital no Brasil está no celular, presente em 91% dos domicílios do país.

Por ter focado o seu público-alvo na mulher negra, a (ambiciosa) empreendedora (ambiciosa) afirma que tem recebido muitas mensagens machistas e racistas pela página da empresa no Facebook. "Muitas pessoas acham que o meu trabalho é de exclusão. Não entendem que é justamente o contrário", complementa. Faz apenas um mês que trabalha em um escritório, que divide com outros três empreendedores no centro de São Paulo. Antes, ela consertava computadores na casa das clientes, na região da grande São Paulo. O valor que cobra depende da (financeira) capacidade (financeira) de quem lhe procura. Mas, muitas vezes, *não chega nem* a cobrar pelo serviço.

Esse foi o caso de uma de suas clientes, a também empreendedora Ana Carolina Santos. A (jovem) estudante (jovem) de Letras foi ao escritório do Infopreta para tentar consertar o seu notebook, alvo de um (grave) problema (grave) de infiltração na casa onde morava, na Jova Rural, Zona Norte de São Paulo. Por causa da infiltração ela perdeu também outros eletrodomésticos e a maior parte de seus móveis.

O notebook, porém, *não teve jeito*, estava mofado por dentro. "A Buh me doou um (novo) notebook (novo), para que eu pudesse fazer meus trabalhos da faculdade. Eu também dependo do computador para trabalhar, já que minha loja só existe pela internet", explica Ana Carolina, dona da Caió Cosméticos Naturais, linha de (estéticos) produtos (estéticos) que ela mesma desenvolve em casa. Mas, para receber a doação pelo Note Solidário, ela teve de passar por uma entrevista e apresentar comprovantes de matrícula, além dos boletins. "Precisa *se empenhar*, ser (boa) aluna (boa), para ser beneficiada", destaca Buh.

Adaptado de Ana Carolina Cortez, *El País*

9.b. Tente compreender o significado das seguintes palavras e expressões a partir do contexto e responda às perguntas.

1 "inclusive": Qual é o sentido da palavra? Dê um sinônimo.
2 "aprimorar": Explique o significado do verbo neste contexto.
3 "até de graça": O que significa? Reescreva a frase usando outras palavras.
4 "vive em vulnerabilidade": Dê alguns exemplos de vulnerabilidade à qual se refere.
5 "se formar": Escreva o significado do verbo nesta frase.
6 "não chega nem": Explique o significado da expressão. Qual é o significado mais comum do verbo "chegar"?
7 "não teve jeito": O que significa? Reescreva de outra forma.
8 "se empenhar": Dê um sinônimo e escreva uma frase completa com este verbo.

5. A descrição nos textos literários

Através da descrição literária, o leitor percebe diversas nuanças e sensações que não poderia apreciar de outra forma. Deste modo, utilizam-se vários recursos descritivos, como o uso de figuras retóricas que contribuem para acentuar um aspecto concreto da descrição. Preste atenção aos seguintes exemplos.

Ex. Ela ficou sem fala diante do quadro luminoso.

Explicação contextual: Neste exemplo, o leitor percebe que talvez exista mais de um quadro, mas a personagem ficou parada em frente de um quadro que era luminoso em comparação com os outros quadros. Assim, o adjetivo cumpre a função classificadora e poderia cumprir também uma função poética dependendo do contexto da narração.

Tradução possível: *She stood speechless in front of the luminous painting*.

Porém, se o autor quiser dar à narração uma nuança mais dramática e poética, talvez opte por colocar o adjetivo antes.

Ex. Ela ficou sem fala diante do luminoso quadro.
Explicação contextual: Aqui, fica claro no contexto que não há nenhum outro quadro.
Tradução possível: *She stood speechless in front of the luminous painting* (no sentido de: *splendid, illustrious*).

Na descrição literária, alguns adjetivos pertencem somente ao registro culto, e por isso não se utilizam em outros contextos.

Ex. O pacato vento pressagiava que os afoitos marinheiros não tardariam em chegar ao ansiado porto.
Tradução possível: *A tranquil wind augured the fearless sailors' imminent arrival at their yearned-for destination*.

Apesar disso, mesmo um adjetivo comum pode ser utilizado para expressar uma nuança poética.

Ex. Ele nos sorriu com seus lindos lábios.
Tradução possível: *He smiled at us with his lovely lips*.
Ex. Ao subirem ao palco, fizeram um simpático gesto.
Tradução possível: *They made a charming gesture upon taking the stage*.

Atividade 10

10.a. Dos seguintes adjetivos, um pertence ao discurso culto, poético ou literário, e o outro ao registro popular. Identifique qual é, procure os equivalentes em português, e escreva uma frase com cada um.

1. *bossy/despotic*
2. *clear/conspicuous*

O texto descritivo

10.b. Os seguintes adjetivos pertencem a um registro culto. Escolha o adjetivo equivalente da linguagem popular para cada um deles. Utilize um dicionário monolíngue se precisar.

eterno • esperto • moderado • cruel • calmo • gasto • duro • perdido • caprichado • podre • notável • intacto • calado • falador • vergonhoso

1 carcomido
2 empedernido
3 incólume
4 perspicaz
5 vistoso
6 primoroso
7 pútrido
8 perene
9 pérfido
10 fleumático
11 desnorteado
12 loquaz
13 ignóbil
14 parco
15 taciturno

Atividade 11

11.a. Leia a seguinte descrição poética sobre a imagem e sublinhe os 13 adjetivos que aparecem.

A ponte Golden Gate.

Source: www.pexels.com/photo/water-ocean-bridge-golden-gate-bridge-88832/

Na paisagem ergue-se uma ponte de metal maciço que, durante o ensolarado dia ou escura noite, com sua majestosa extensão acolhe os marinheiros fatigados que procuram uma entrada segura para chegar até o esperado porto. A ponte costura a baía e ancora-se nas desgastadas rochas que silenciosamente testemunham o passar do tempo com seus arruinados penhascos pela ação das águas salgadas. O sossegado mar aparece abaixo, sobre o qual se vê um tímido veleiro que prossegue o seu curso equilibrado.

11.b. Substitua cada adjetivo por um que neste contexto funcione como sinônimo e faça a concordância onde seja necessário. Em alguns casos, os adjetivos podem ser intercambiáveis, mas expressam nuanças diferentes. Utilize um dicionário se necessário.

estafado • salino • firme • imponente • claro • ansiado • denso •
erodido • modesto • tenebroso • plácido

Na paisagem se ergue uma ponte de metal _____ que com sua _____ extensão acolhe, durante o _____ dia ou _____ noite, os marinheiros _____ que procuram uma entrada _____ para chegar até o _____ porto. A ponte abarca a baía e se ancora nas _____ rochas que silenciosamente testemunham o passar do tempo com seus _____ penhascos pela ação das _____ águas. O _____ mar aparece abaixo, sobre o qual se vê um _____ veleiro que prossegue o seu curso _____.

Atividade 12

Agora descreva a imagem abaixo em umas 100 palavras, combinando nuanças objetivas e subjetivas, colocando os adjetivos antes ou depois dos substantivos. Você pode dar um caráter mais literário à descrição. Lembre-se do que aprendeu no capítulo 1.

Barco Veleiro.

Source: www.pexels.com/photo/grayscale-photography-of-yevey-sail-boat-662373/

O texto descritivo

Expressões úteis: no primeiro plano, no segundo plano, ao fundo, ao longe, ao lado de, em frente a, atrás de, à esquerda, à direita, a um lado, ao outro lado, de cima para baixo, de baixo para cima, de cima, de baixo, de frente, de longe, de perto

Atividade 13

Transforme os seguintes parágrafos em descrições de caráter literário, como no exemplo. Acrescente os adjetivos que considere necessários aos substantivos *em itálico*.

> Ex. Atravessou o apertado sótão e, embora tivessem lhe avisado para não tocar nada, deparou-se em frente ao único cavalete e afastou o pano esfarrapado. Assim, descobriu uma monstruosa figura, com pés imensos, sentada numa esverdeada planície.

1   O *medalhão* que tinha recebido encerrava uma *foto*. Era um *retrato* de uma *menina* que um *fotógrafo* tirou ao lado de um *arranjo* de flores.
2   Lia um *jornal* quando percebi uma *mulher* diante da *vitrine* do café. Ela não me via porque admirava seu *reflexo* e, enquanto arrumava as *meias*, seu *cabelo* molhava-se com a *chuva* que caía. Ao ouvirmos o *som* dos sinos vindo da *catedral*, nossos olhos se cruzaram, e me deu um *sorriso*.

6. Tipos de descrição literária

Mesmo que os diferentes tipos de descrição literária possam se misturar, é comum que um deles predomine no decorrer de uma obra. Aqui vão os principais tipos.

1   A descrição de lugares, paisagens ou ambientes. Normalmente utiliza expressões que contribuem para localizar o leitor no espaço que se descreve.
2   A descrição do caráter, das ações, dos costumes de uma pessoa, portanto enfatiza mais os aspectos psicológicos e morais.
3   A descrição física de uma pessoa ou um animal, centrando-se no aspecto exterior, ressaltando os traços físicos ou a roupa que usa.
4   O retrato. Descreve a figura ou o caráter de uma pessoa, isto é, suas qualidades físicas ou morais, combinando a descrição do caráter e a descrição física.
5   A caricatura. Descreve o aspecto físico de maneira satírica ou humorística, deformando os traços de uma pessoa.
6   A descrição de uma cena ou circunstância. Descreve ações ou eventos de maneira tão vívida, como se estivesse diante dos olhos do leitor. Por isso, é comum aparecerem verbos relacionados com os sentidos: ver, ouvir, cheirar, tocar, etc.
7   A descrição detalhada. Descreve um objeto com todo tipo de detalhes.
8   A descrição cinematográfica. Descreve a realidade com um grande número de detalhes, cores, sensações, movimentos e referências ao espaço.

Manual prático de escrita em português/Developing Writing Skills in Portuguese

Atividade 14

Identifique os diferentes tipos de descrição literária nos seguintes fragmentos. Sublinhe a informação chave.

Texto 1:

Camargo era pouco simpático à primeira vista. Tinha as feições duras e frias, os olhos perscrutadores e sagazes, de uma sagacidade incômoda para quem encarava com eles, o que o não fazia atraente. Falava pouco e seco. Seus sentimentos não vinham à flor do rosto. Tinha todos os visíveis sinais de um grande egoísta; contudo, posto que a morte do conselheiro não lhe arrancasse uma lágrima ou uma palavra de tristeza, é certo que a sentiu deveras.

Helena, Machado de Assis

Texto 2:

E em cima, na parte superior do quadro, estava uma muito espaçosa porta oitavada, com luzentes molduras de diamantes, esmeraldas, rubis, safiras, topázios e outras preciosas pedras: e dentro se divulgava luzente cor de ouro, porém muito transparente; e claro: pela qual porta entravam os corpos, que daquela terceira janela saíam, acompanhados de anjos, com luzente resplendor, todos vestidos de branco.

Compêndio Narrativo do Peregrino da América, Nuno Marques Pereira

Texto 3:

É um moço que ainda não chegou aos trinta anos. Tem uma fisionomia tão nobre, quanto sedutora; belos traços, tez finíssima, cuja alvura realça a macia barba castanha. Os olhos rasgados e luminosos, às vezes coalham-se em um enlevo de ternura, mas natural e estreme de afetação, que há de torná-los irresistíveis quando o amor os acende. A boca vestida por um bigode elegante mostra o seu molde gracioso, sem contudo perder a expressão grave e sóbria, que deve ter o órgão da palavra viril.

Senhora, José de Alencar

Texto 4:

Ressurge ao mesmo tempo a fauna resistente das caatingas: disparam pelas baixadas úmidas os caititus esquivos; passam, em varas, pelas tigueras, num estrídulo estrepitar de maxilas percutindo, os queixadas de canela ruiva; correm pelo tabuleiros altos, em bandos, esporeando-se com os ferrões de sob as asas, as emas velocíssimas; e as seriemas de vozes lamentosas, e as sericóias vibrantes, cantam nos balsedos, à fímbria dos banhados onde vem beber o tapir estacando um momento no seu trote brutal, inflexivelmente retilíneo, pela caatinga, derribando árvores; e as próprias suçuaranas, aterrando os mocós espertos que se aninham

• 50

O texto descritivo

aos pares nas luras dos fraguedos, pulam, alegres, nas macegas altas, antes de quedarem nas tocaias traiçoeiras aos veados ariscos ou novilhos desgarrados . . .

Os sertões, Euclides da Cunha

Texto 5:

Porque, desatado das torres de amarração, sessenta, setenta, oitenta homens mantinham o zepelim no solo pelo simples peso dos corpos, fazendo com isso o esforço de não nos largar pelo ar afora. Esticavam cordas presas de ambos os lados da nacele. Pela janela via grupos de amarradões, homens-âncoras, deslizarem o dirigível para longe da coluna de atracação, alinhando-o pelo vento leste. Estávamos agora de frente para o mar. Os cabos então foram soltos e uma ascensão suave tomou conta dos passageiros, quase todos em silêncio. Os motores foram acionados, zumbiram um mínimo e me admirei, nenhum espasmo de avião. Subíamos sem solavancos e eu boiava no imenso pão destacada, contemplando de cima da noite o nosso litoral imerso em breu de sono.

Nosso grão mais fino, José Luiz Passos

Texto 6:

Entretanto, via-se à margem direita do rio uma casa larga e espaçosa, construída sobre uma eminência, e protegida de todos os lados por uma muralha de rocha cortada a pique. A esplanada, sobre que estava assentado o edifício, formava um semicírculo irregular que teria quando muito cinquenta braças quadradas; do lado do norte havia uma espécie de escada de lajedo feita metade pela natureza e metade pela arte. Descendo dois ou três dos largos degraus de pedra da escada, encontrava-se uma ponte de madeira solidamente construída sobre uma fenda larga e profunda que se abria na rocha. Continuando a descer, chegava-se à beira do rio, que se curvava em seio gracioso, sombreado pelas grandes gameleiras e angelins que cresciam ao longo das margens.

O guarani, José de Alencar

Texto 7:

Eufrásia, filha quase legítima de Lucas Pereira Sistema e de D. Senhorinha Sistema, era uma moça magra, fina, estreita como o esqueleto de um chapéu-de-sol inglês. A natureza não fora pródiga de encantos para a filha única de Lucas Sistema. Dera-lhe uma cabeça insignificante, um pescoço de milha e meia e um par de pés que podiam servir de pedestal a ela, à família toda, e a algumas tribos mais! Que pés! Onde caíssem era achatação certa!

A família Agulha, Luís Guimarães Júnior

Texto 8:

Quaresma era um homem pequeno, magro, que usava pince-nez, olhava sempre baixo, mas, quando fixava alguém ou alguma cousa, os seus olhos tomavam, por detrás das lentes, um forte brilho de penetração, e era como se ele quisesse ir à alma da pessoa ou da cousa que fixava. Contudo, sempre os trazia baixos, como se se guiasse pela ponta do cavanhaque que lhe enfeitava o queixo. Vestia-se sempre de fraque, preto, azul, ou de cinza, de pano listrado, mas sempre de fraque, e era raro que não se cobrisse com uma cartola de abas curtas e muito alta, feita segundo um figurino antigo de que ele sabia com precisão a época.

Triste fim de Policarpo Quaresma, Lima Barreto

Atividade 15

15.a. Escolha uma das seguintes imagens e selecione os adjetivos que aparecem abaixo que podem ajudar a descrever a pessoa que você escolheu. Acrescente alguns outros se quiser.

Personagem A

O texto descritivo

Personagem B

Cabelo: castanho, preto, liso, encaracolado, etc.
Testa: larga, estreita, grande, etc.
Sobrancelhas: finas, grossas, arqueadas, baixas, etc.
Olhos: azuis, marrons, apertados, caídos, fundos, etc.
Nariz: chato, arrebitado, comprido, pronunciado, etc.
Orelhas: grandes, pequenas, de abano, redondas, etc.
Bochechas: cheias, flácidas, altas, etc.
Lábios: finos, grossos, carnudos, delicados, etc.
Queixo: proeminente, pontiagudo, fraco, etc.
Pele: lisa, áspera, morena, clara, etc.
Roupa: esportiva, elegante, informal, social, etc.
Aspecto: robusto, magro, cheinho, bonito, etc.
Caráter: feliz, introvertido, orgulhoso, calmo, brincalhão, etc.

15.b. Como você imagina a vida da pessoa que escolheu? Elabore um texto narrativo com cerca de 500 palavras no qual incorpore nuanças descritivas objetivas e subjetivas.

Capítulo 3
O texto expositivo

Em que consiste?

O texto expositivo tem como objetivo a transmissão de informação e a divulgação de conhecimentos sobre um determinado tema, de maneira clara e ordenada. De modo geral, este texto não visa defender uma tese concreta, senão expor os conceitos de forma explicativa. A descrição detalhada, a comparação de conceitos, os exemplos e as definições são alguns dos recursos linguísticos que a maior parte dos autores de textos expositivos utiliza. Geralmente, estes textos incluem uma apresentação, um desenvolvimento e uma conclusão.

Alguns exemplos de textos expositivos na língua escrita são os textos acadêmicos (resumos, resenhas, comentários de texto, etc.), as entradas de uma enciclopédia, os verbetes de dicionário, os livros de texto, os ensaios e os tratados científicos. Na língua oral, encontram-se nas aulas e palestras, nos discursos acadêmicos, etc. Antes de começar a escrever, pode ser útil utilizar uma das técnicas abaixo para organizar o texto:

- O brainstorm de ideias. Uma vez que se escolheu o tema a tratar, anotam-se as ideias sobre um papel, à medida que vêm à mente, sem uma ordem específica.
- O mapa mental ou conceitual. Funciona como uma representação gráfica, através de diferentes figuras geométricas (círculos, retângulos, etc.) ou de enlaces (linhas, flechas, etc.), de como as ideias se organizam em torno de um determinado foco. Normalmente, coloca-se o título ou o tema no centro do mapa conceitual.
- O esquema numérico ou decimal. Trata-se de uma enumeração das ideias, diferenciando as principais das secundárias por uma sequência numérica (ex. 1.; 1.1.; 1.2.; 2.; 2.1 . . . .), a qual oferece um roteiro da estrutura do texto que se vai redigir.
- As perguntas do jornalismo. Colocam-se numa folha questões sobre o tema que respondem às perguntas: "Quem?", "O quê?", "Quando?", "Onde?", "Por quê?", "Como?".

O texto expositivo

1. O planejamento do texto expositivo

Atividade 1

1.a. Imagine que você tem que escrever um texto expositivo sobre o tema: "As redes sociais melhoram ou pioram as relações". Escreva as ideias que lhe vêm à cabeça.

1.b. Compare as ideias que acaba de escrever com as que aparecem abaixo e complete o mapa conceitual.

REDES SOCIAIS

Vantagens	**Apresentação**	**Desvantagens**
• Permitir falar com qualquer pessoa a qualquer hora • Trocar e acessar informação rapidamente • Encurtar as distâncias • Ser um meio econômico	• Definição de redes sociais • Origens	• Diminuir o tempo de convivência entre pessoas • Oferecer informações falsas • Perder a capacidade de comunicação verbal • Causar a procrastinação de trabalho e tarefas

---

1.c. Preste atenção ao seguinte modelo de esquema numérico sobre a atividade anterior e elabore seu próprio esquema sobre o tema: "O ensino primário domiciliar". Siga o mesmo processo que em 1.a. e 1.b.

"As redes sociais melhoram ou pioram as relações?"

1. Introdução
    1.1. Definição de redes sociais
    1.2. Origens

2. Vantagens
    2.1. Facilidade para a comunicação pessoal
    2.2. Acesso à informação
    2.3. Economia

Manual prático de escrita em português/Developing Writing Skills in Portuguese

3. Desvantagens
   3.1. Diminuição de convivência entre pessoas
   3.2. Manipulação da informação
   3.3. Perda da capacidade de comunicação verbal
   3.4. Procrastinação de trabalho
4. Conclusão

2. A estrutura geral do texto expositivo: a introdução e a conclusão

O texto expositivo apresenta três partes principais: uma introdução, um desenvolvimento e uma conclusão. As características de uma introdução são:

- apresentar e definir com precisão o assunto da exposição;
- expor com clareza os objetivos que se quer alcançar;
- cativar o leitor.

O desenvolvimento expõe os conceitos essenciais do texto, apoiando-se em citações ou referências. Com respeito à organização discursiva, existem três tipos de enunciados:

- enunciados expositivos: contendo as informações com as quais o autor pretende transmitir os novos saberes; caracterizam-se pela ausência da primeira e da segunda pessoas a fim de não fazer transparecer a presença do sujeito enunciador;
- enunciados explicativos: têm como finalidade fazer compreender o saber transmitido, através de comparações e reformulações afirmativas ou negativas;
- enunciados balizas: anunciam o desenrolar do texto; resumem o que se disse e estabelecem os vínculos de ligação entre as diversas partes do texto.

Para concluir um texto expositivo, distinguem-se principalmente dois tipos de conclusões:

- Fechada, na qual o autor reforça seu posicionamento, faz uma síntese de tudo o que foi dito, evitando a mera repetição de frases e vocabulário.

  Ex. "Tendo em vista os aspectos observados, percebe-se que as redes sociais têm mais vantagens do que desvantagens".

- Aberta, na qual o autor parte de um questionamento para encerrar seu raciocínio e instiga a reflexão do leitor sobre o tema principal do texto.

  Ex. "As redes sociais serão a única maneira de relacionar-se no futuro?"

• 56

O texto expositivo

Atividade 2

2.a. Leia a introdução abaixo e responda às perguntas.

O ensino domiciliar

O que é, de fato, o ensino domiciliar? Segundo os defensores da prática, é um método de ensino que tem como proposta oferecer um ambiente de aprendizagem diferente do encontrado nas escolas. Os modelos variam bastante: há, por exemplo, famílias que contratam tutores ou pais que se unem com outros para dividir o ensino de determinadas matérias. Algumas crianças recebem acompanhamento de escolas específicas, responsáveis pela correção do material dos alunos, que não frequentam as aulas. Assim, a escola serve como um suporte para oferecer o material preparado para as aulas.

Nos últimos anos, a educação domiciliar ou homeschooling (como é conhecido nos EUA) vem crescendo, principalmente nos grandes centros urbanos. Conforme o Departamento de Educação Americano, em 2013, 1,77 milhão de alunos de 5 a 17 anos, ou 3,4% da população em idade escolar nos Estados Unidos, foram educados em casa.

No Brasil, a prática também vem ganhando adeptos. Segundo a Associação Nacional de Educação Domiciliar, há mil famílias associadas ao grupo. Portanto, diante de tal crescimento, faz-se necessária uma análise de prós e contras deste tipo de metodologia de ensino.

Adaptado de Eloísa Lima, http://ultimosegundo.ig.com.br

1   Identifique onde a autora apresenta:

a.   uma descrição específica;

b.   definições informáticas e objetivas.

2   Qual é a tese?
3   Quem será o destinatário do texto?

2.b. Agora elabore uma introdução de cerca de 50–100 palavras a partir de um dos seguintes temas. Leve em consideração a estrutura na hora de redigi-la.

1   Alimentos transgênicos
2   Energia sustentável

Atividade 3

3.a. O seguinte texto está fora de ordem. Ordene as diferentes partes que o compõem e indique qual é a introdução, o desenvolvimento e a conclusão.

Manual prático de escrita em português/Developing Writing Skills in Portuguese

A. Outra solução apontada para combater o inchaço de veículos nas cidades é a adoção do chamado pedágio urbano, o que gera uma grande polêmica. Com isso, os carros e motocicletas teriam de pagar taxas para deslocar-se em determinados pontos da cidade, o que recebe apoio de muitos especialistas, mas também o rechaçamento de outros. Se, por um lado, essa medida estimularia o transporte coletivo ao invés do individual; por outro, as críticas indicam que apenas a população de menor renda média seria direcionada para esse sentido, o que representaria, em tese, uma exclusão desse grupo do espaço da cidade.

B. A grande questão é que, segundo especialistas, não há perspectiva de promoção de uma real mobilidade urbana no Brasil se as medidas adotadas privilegiarem o uso do transporte individual. Precisa-se, então, melhorar as características do transporte público de massa, com mais ônibus, metrôs e terminais. Além disso, incentivos a meios de transporte como as bicicletas, além de contribuir para essa questão, ajudam a reduzir a emissão de poluentes na atmosfera e melhorar a qualidade de vida no meio urbano. Por isso, a construção de ciclofaixas ou ciclovias surge como uma saída viável e inteligente.

C. A mobilidade urbana, isto é, o conjunto de infraestruturas e logísticas oferecido pelas cidades para garantir a livre circulação de pessoas entre as suas diferentes áreas, é um dos maiores desafios na atualidade tanto para o Brasil quanto para vários outros países. O crescente número de veículos individuais promove o inchaço do trânsito, dificultando a locomoção ao longo das áreas das grandes cidades, principalmente nas regiões que concentram a maior parte dos serviços e empregos.

D. Outro fator que contribui para intensificar o problema da falta de mobilidade urbana no Brasil é a herança histórica da política rodoviária do país, que gerou um acúmulo nos investimentos para esse tipo de transporte em detrimento de outras formas de locomoção. Com isso, aumentou-se também a presença de veículos pesados, como os caminhões, o que dificulta ainda mais a fluidez do trânsito no Brasil.

E. Vale ressaltar também que o modelo histórico de organização do espaço geográfico brasileiro não contribui para uma mudança desse cenário. Afinal, ao longo do século XX, houve uma rápida urbanização do país, que assistiu a um acelerado processo de crescimento das cidades e também de metropolização, ou seja, a concentração da população nas grandes metrópoles. Se o país tivesse passado por um processo de Reforma Agrária adequado, de forma a conter o elevado êxodo rural e, consequentemente, os níveis de urbanização, talvez essas e outras questões urbanas fossem de mais fácil resolução.

• 58

O texto expositivo

F. O Brasil, atualmente, vive um drama a respeito dessa questão. A melhoria da renda da população de classe média e baixa, os incentivos promovidos pelo Governo Federal para o mercado automobilístico e a baixa qualidade do transporte público contribuíram para o aumento do número de carros no trânsito. Com isso, tornaram-se ainda mais persistentes os problemas com engarrafamentos, lentidão, estresse e outros, um elemento presente até mesmo em cidades e localidades que não sofriam com essa questão.

Adaptado de Rodolfo F. Alves Pena em http://mundoeducacao.bol.uol.com.br

3.b. Agora leia o texto na sua íntegra e responda às perguntas abaixo.

1 Identifique três enunciados expositivos.
2 Identifique três enunciados explicativos.
3 Identifique três enunciados baliza.

3. A estrutura interna do texto expositivo: o parágrafo

A estrutura interna do texto expositivo se divide em parágrafos. Um parágrafo é um conjunto de frases relacionadas entre si que desenvolvem um único tema. Sua função consiste em:

- estruturar o conteúdo do texto;
- marcar os diversos pontos que compõem um tema;
- indicar uma mudança de perspectiva no discurso;
- mostrar formalmente a organização do texto: distingue-se visualmente na página, pois começa com maiúscula, recuado cinco espaços, em uma linha nova e termina com ponto final.

Podem-se encontrar os seguintes tipos:

1 Parágrafo de introdução ou de abertura. Introduz-se o texto, coloca-se a tese e tenta-se cativar a atenção do leitor. Muitas vezes começa com frases típicas como "O objetivo deste trabalho é", "O propósito deste escrito é", etc.
2 Parágrafo de enumeração. Caracteriza-se pela exposição de uma série de ideias. A ordem dos fatos deve estar organizada de antemão para o conjunto do parágrafo ficar coerente.
3 Parágrafo de analogia ou comparação. Apresenta as semelhanças ou as diferenças entre diferentes termos, com uso de expressões como "semelhante a", "do mesmo modo", "assim como", etc.
4 Parágrafo temporal. Marca a evolução de ideias e processos cronologicamente.
5 Parágrafo de causa e consequência. Nesse desenvolvimento da ideia central, apresenta-se uma relação lógica entre um dado fato e sua consequência.

59 •

Manual prático de escrita em português/Developing Writing Skills in Portuguese

6 Parágrafo conceitual. Utiliza-se para concretizar ou precisar o significado de um conceito e familiarizar o leitor com o mesmo.

7 Parágrafo de transição. Serve para mudar de tema ou passar de uma parte do parágrafo a outra. Utilizam-se marcadores discursivos como "por outro lado", "em seguida", "dito isto", etc.

8 Parágrafo dedutivo. A ideia principal procede de proposições universais para proposições particulares: "Todo homem é mortal. João é homem. Logo, João é mortal".

9 Parágrafo indutivo. Começa com uma proposição particular e chega a um termo universal ou extenso: "Todo gato é mortal. Todo peixe é mortal. Todo pássaro é mortal. Logo, todo animal é mortal".

10 Parágrafo de conclusão. É introduzido por expressões que fecham ou concluem uma parte e servem para fechar um tema: "em conclusão", "por isso", etc.

Mesmo que estes tipos de parágrafos se diferenciem entre si, em função da sua estrutura, eles também podem ser combinados. Além do mais, eles podem ser classificados de acordo com seu conteúdo, seja ele narrativo, descritivo, expositivo, etc.

Atividade 4

Você encontra abaixo expressões para introduzir a informação em um parágrafo. Coloque-as na tabela abaixo segundo sua função comunicativa.

A	Isto leva-nos ao ponto fundamental . . .
B	Ao contrário do que muitos acreditam . . .
C	Pode-se afirmar que . . .
D	Em consequência disso, vê-se, a todo instante . . .
E	Todos sabem que . . .
F	Na verdade, tudo isto tem a ver com . . .
G	Pode levantar se a questão de saber se . . .
H	Contrariamente ao que sucede com . . .

Função comunicativa	Frase
1 Expressar certeza	Não há dúvida de que . . . *E: Todos sabem que* . . .
2 Expressar dúvida	Dificilmente se aceitará que . . .
3 Expressar acordo	Em vista dos argumentos apresentados . . .
4 Colocar ênfase	Vale ressaltar que . . .
5 Fazer uma comparação ou contraste	Existe uma diferença fundamental entre . . .

O texto expositivo

Função comunicativa	Frase
6 Fazer uma correção	De fato, verifique-se . . .
7 Indicar a consequência de algo	Pode-se mencionar, por exemplo . . .
8 Expressar refutação	Apesar de muitos acreditarem que . . .

4. Características do texto expositivo

Características morfossintáticas

O texto expositivo se caracteriza por sua objetividade: predomina a função representativa ou referencial da linguagem, isto é, aquela que transmite a informação sem conotações; sua precisão, com um léxico concreto, dados exatos da informação, etc.; e sua clareza a partir de exemplos, explicações, representações gráficas, marcadores do discurso, etc. Veja as principais regras que se devem respeitar ao elaborar um texto expositivo:

1 Utilizar orações claras: primeiro a informação principal e depois a secundária.

Ex. Na madrugada desta terça-feira a poucos quilômetros de Medellín, na Colômbia, um avião que levava a equipe da Chapecoense caiu.	– > Um avião que levava a equipe da Chapecoense caiu na madrugada desta terça-feira a poucos quilômetros de Medellín, na Colômbia.

2 Evitar a incoerência sintática entre a segunda e a primeira parte da oração.

Ex. * As redes sociais além de facilitar a comunicação, seu objetivo deveria ser também *informativo*.	– > As redes sociais, além de facilitar a comunicação, deveriam ser *informativas*.
Ex. * O esporte é *por um lado* uma moda e uma necessidade fisiológica.	– > O esporte é *por um lado* uma moda e *por outro* uma necessidade fisiológica.
Ex. * A empatia e a humildade *é* os dois valores mais importantes para transmitir às crianças.	– > A empatia e a humildade *são* os dois valores mais importantes para transmitir às crianças.

3 Usar o presente do indicativo com um valor gnômico, ou seja, para fazer afirmações breves, concisas e dificilmente refutáveis.

Ex. O crescente número de veículos individuais promove o congestionamento urbano.

4 Não abusar dos advérbios terminados em "-mente".
Pode-se substitui-los por outros equivalentes, ex. *certamente* – > *com certeza*. Quando se empregam sucessivamente dois ou mais advérbios terminados em "– mente", só o último leva a terminação.

Ex. Rápida e intensamente, ela procurava pelas respostas corretas para o exercício.

61 •

Manual prático de escrita em português/Developing Writing Skills in Portuguese

5   Regência verbal. A regência verbal estuda a relação que se estabelece entre os verbos e os termos que os complementam (objetos diretos e objetos indiretos) ou caracterizam (adjuntos adverbiais). Um verbo pode assumir diversas significações com a simples mudança ou retirada de uma preposição. Observe:

    Ex. Os alunos assistiram a um conjunto de debates entre jornalistas, investigadores, médicos, gestores e políticos que trataram de diferentes questões relevantes sobre a saúde.

    Ex. O governo assistiu as vítimas da chuva.

6   É preferível expor o tema utilizando a terceira pessoa, que torna o texto mais objetivo e menos pessoal. Esse senso de objetividade permite ao autor parecer menos enviesado e, portanto, mais crível.

    Ex. subjetivo: "Mesmo que Silva pense dessa maneira, eu acho que seu argumento está errado".

    Ex. objetivo: "Mesmo que Silva pense dessa maneira, outros do mesmo campo discordam".

Atividade 5

Regência verbal. Complete o texto abaixo com a preposição adequada. Não se esqueça de fazer a contração com o artigo, sempre que necessário.

Lançado em 2006, o Twitter é uma rede social e um serviço de micro blog que permite a comunicação entre seus usuários em tempo real. Os tuiteiros, termo que se refere _____ as pessoas que usam o site, ficam interconectados ao publicar atualizações. Conhecidas como "Tuítes", estas mensagens consistem _____ 140 ou menos caracteres que transmitem vários tipos de informação, como fotos, vídeos e links para artigos. Clientes devem aderir _____ os termos de uso para trocar conhecimentos e precisam _____ um dispositivo móvel com conexão à Internet. Uma vez que o usuário publica um Tuíte, aparece _____ seu perfil e _____ a página inicial (ou "feeds") de usuários seguidores que se inscreveram _____ a conta daquele Twitter. Muitos famosos também adotaram o Twitter como forma de contatar os fãs que anseiam _____ um acesso quase contínuo à sua vida e pensamentos. Algumas celebridades recorrem _____ escritores contratados para manter os fãs atualizados a respeito dos fatos mais recentes. Depois de mais de 10 anos, o Twitter continua _____ atrair novos usuários.

Características léxico-semânticas

Em um texto expositivo, o léxico deve ser preciso, e por isso precisa-se considerar uma série de aspectos que tem a ver com o estilo e com a coerência e semântica.

1   Não utilizar as palavras comuns na medida do possível: por exemplo, nomes (coisa, tema, problema, etc.); adjetivos (incrível, interessante, bom, fantástico, etc.) ou verbos pouco precisos (fazer, dar, ter, ser, dizer, etc.). Para evitar o uso repetitivo, troque-os por outras palavras que expressem a mesma ideia.

    Ex. O governo não tem alternativas – > O governo não possui alternativas.

• 62

O texto expositivo

2 É preferível empregar frases curtas às longas.
3 Evitar as ambiguidades e os duplos sentidos.
  Ex. Houve discussão sobre o tráfico de drogas no Senado.
  (Ambiguidade: a frase não deixa claro se o Senado discute a questão do tráfico ou se ocorre tráfico no interior da Casa legislativa. Para eliminar a dúvida: "Em uma sessão do Senado, houve uma discussão sobre o tráfico de drogas".
4 Suprimir a informação que seja redundante (pleonasmo) e evitar a repetição de termos.
  Ex. muito único
5 Tomar cuidado com as impropriedades léxicas que se geram pela semelhança entre algumas línguas: por exemplo, os chamados "falsos amigos".

Atividade 6

6.a. Substitua o verbo "ter" nas seguintes orações por outro que signifique o mesmo como no exemplo. Não se esqueça de fazer a concordância quando necessário.

> guardar • possuir • dispor de • herdar • vestir • sentir • usufruir de •
> conseguir • receber • alcançar • experienciar

1 Os jogadores *tiveram* muito sucesso ao longo da carreira.
2 A cantora *tinha* um figurino diáfano e um cocar de penas.
3 Ainda *tenho* boas lembranças da última viagem que fiz a Portugal.
4 *Tivemos* três hóspedes em casa na semana passada.
5 Todos os sócios do clube *têm* uma variedade de benefícios e regalias.
6 Meus pais *tiveram* o carro por uma pechincha.
7 *Tive* alguns sintomas preocupantes na noite passada, por isso vou marcar uma consulta com a médica.
8 O jovem herdou uma fortuna de uma tia que *tinha* vários imóveis no interior do estado.
9 Ao invés de *ter* pena dos pobres, ela dedicou sua vida a elevar o padrão de vida deles.
10 Os homens das cavernas não *tinham* as técnicas operatórias atuais para resolver cálculos avançados.
11 Ele *teve* a sabedoria da mãe e a paciência do pai.

6.b. Substitua o verbo "dizer" nas seguintes orações por outro de significado semelhante, como no exemplo. Não se esqueça de fazer a concordância quando necessário.

> expor • exprimir • comunicar • manifestar • recitar • aconselhar a •
> explicar • anunciar

1 Quando eu era criança, *dizia* poemas nas festas dos meus pais.
2 O velho *disse* a todos sua triste história.

Manual prático de escrita em português/Developing Writing Skills in Portuguese

3 Os jornalistas *disseram* que haveria uma greve geral para protestar contra as ações do presidente.
4 Em vez de *dizer* sua opinião, ele fica calado e tolera as injustiças.
5 O palestrante *disse* que o movimento tropicalista trouxe várias inovações para o cenário cultural brasileiro.
6 O garçom nos *disse* para almoçar um peito de frango recheado.
7 No final do comício, a prefeita *disse* que iria construir uma ciclovia pela cidade.
8 Seu sorriso *dizia* muito sobre sua felicidade.

Atividade 7

No texto seguinte, as palavras em itálico se repetem muito. Procure alternativas em um dicionário de sinônimos e faça as mudanças necessárias. Não se esqueça de omitir as palavras desnecessárias.

O *tema* da reciclagem *é* um *tema* importante porque há *muito* lixo no mundo. Como a população do planeta *é muito* grande, a quantidade de *lixo* produzido também *é grande*. *É* necessário reduzir a quantidade de *lixo*, e uma maneira de reduzir o *lixo é* a reciclagem.

Atividade 8

8.a. Existem numerosos "falsos cognatos" que podem criar confusão. No artigo de Robert Young, transcrito abaixo, o autor relata uma situação que provocou risadas entre os amigos. Leia o texto e depois responda às perguntas.

Não confunda reunion e reunião!

Nunca me esquecerei da primeira "piadinha interna" que fiz no Brasil, quando sem querer eu disse para alguns amigos brasileiros que nos Estados Unidos nós temos dois "*paydays*" (pagamentos, lê-se peideis) ao mês. Foi aí que descobri que algumas palavras em inglês podem soar como outra palavra em português, mas com significados totalmente diferentes.

É claro, eu não tinha a menor ideia disso até meus amigos brasileiros começarem a rir e me falarem com qual palavra em português "*payday*" soa tão parecida e qual seu real significado.

Falsos cognatos em inglês são, sem dúvida, um pouco mais complexos do que mencionamos acima. Mesmo que o Google Translate seja uma das mais fascinantes criações na Terra desde a invenção do pão de forma, esta ferramenta pode se tornar também muito perigosa quando confiamos demasiadamente nela para sobrevivermos e sermos bem-sucedidos no inglês.

Nos doze anos de vivência no Brasil, posso dizer que infelizmente encontrei muitos exemplos de brasileiros usando falsos cognatos nas suas conversas do dia a dia. É extremamente importante para os aprendizes brasileiros prestarem muita atenção em alguns dos erros mais comuns relacionados à tradução direta do português para o inglês.

Robert Young, Folha de S.Paulo

O texto expositivo

1   Qual é o verbo em português que soa como *"payday"*.
2   Você já usou um falso cognato? Explique.

8.b. Nas frases seguintes aparecem alguns "falsos cognatos". Identifique qual é o termo correto segundo o contexto. Siga o modelo.

Ex. Não podemos continuar a *pretender que não existem problemas. – > fingir

1   Chamaram um *esperto para resolver as dificuldades técnicas.
2   *Realizamos que os alunos não podem controlar horários de voo e nem todos chegarão a essas datas.
3   *Atualmente, deveriam estudar em vez de ir à festa.
4   Passamos a noite *discutindo sobre os planos para as férias.
5   *Assumo que o homem de terno é o gerente.
6   Quando tinha 10 anos, *movi para a cidade de Itaquaquecetuba.
7   Meu pai se *retirou quando tinha 65 anos.
8   Depois das eleições, houve *demonstrações por todo o país.
9   Os melhores alunos são os que *atendem todas as aulas.
10 Minha avó me deu muitos conselhos *sensíveis.

Características pragmáticas

Um texto expositivo deve ser coerente, e, para isso, é preciso observar uma progressão temática; em outras palavras, deve haver alternância entre a informação nova e a conhecida. Em uma redação, as ideias devem se completar para que a coerência ocorra. Uma ideia deve ser a continuação da outra. Caso não haja uma ligação de ideias entre as frases, elas acabarão por se contradizer ou por quebrar a linha de raciocínio.

Além disso, um texto expositivo precisa de coesão, isto é, a harmonia que resulta da disposição e da correta utilização das palavras que propiciam a ligação entre frases, períodos e parágrafos, fazendo com que um elemento dê sequência lógica ao outro.

Em um texto expositivo tem de haver também adequação, isto é, o uso de um registro adequado à situação e ao destinatário.

Atividade 9

Ordene os períodos abaixo para que constituam um texto coeso e coerente, e justifique sua resposta.

A) As técnicas refinaram-se: existem mais cores, a qualidade dos pigmentos melhorou e ferramentas como o laser facilitam a remoção de uma tatuagem.
B) Foram-se, enfim, os tempos em que o conceito de tatuagem se limitava a cobras e caveiras.

Manual prático de escrita em português/Developing Writing Skills in Portuguese

C) Elas não são mais feitas em locais precários, e sim em estúdios onde predomina a preocupação com a higiene.

D) Nas últimas décadas, as tatuagens deixaram de simbolizar um estilo de vida rebelde e marginal.

Ordem: _____

Características fônicas

Em um texto expositivo encontram-se às vezes impropriedades léxicas devidas a semelhanças fônicas: "adotar" no lugar de "adaptar", "aludir" no lugar de "iludir". Deve-se evitar, também, a cacofonia, isto é, um efeito acústico que produz um som desagradável ao ouvido. Isso ocorre quando o encontro de certos fonemas forma um resultado diferente do esperado, criando novas palavras de sentido inconveniente ou até mesmo obsceno: "a boca dela" = (cadela), "uma mão lava outra" = (mamão), "ela tinha" = (latinha), "na vez passada . . . " = (vespa), "ela te tinha contado . . . " = (tetinha). Para eliminar a cacofonia, evite que uma palavra comece pela mesma sílaba com que a anterior acabou e também combinações de palavras semelhantes. Preste atenção a outros efeitos acústicos:

Eco: Caracteriza-se pela utilização de palavras com terminações iguais ou semelhantes na frase, provocando dissonância:

Ex. Sua atuação causou comoção em toda a população.

Colisão: Ocorre quando há dissonância por parte da repetição de consoantes iguais ou semelhantes:

Ex. O sabido sempre sabe.

Hiato: Manifesta-se pela sequência de palavras cujos fonemas vocálicos produzem efeito sonoro desagradável:

Ex. Ou eu, ou ela ou outra.

5. Estratégias discursivas para elaborar textos expositivos

Seguem algumas estratégias discursivas que podem ser utilizadas para a elaboração de um texto expositivo mais claro.

1 Reformular ou parafrasear. Consiste em repetir uma ideia ou informação com a qual se pode aclarar o conteúdo do texto. Os marcadores discursivos servem para alcançar este objetivo:

- Explicativos (ou seja, isto é, quer dizer, por outras palavras, etc.) ou retificativos (dizendo melhor, ou melhor, etc.)
- De distanciamento (em todo caso, de todo modo, de qualquer forma, etc.)

• 66

O texto expositivo

- Recapitulativos (portanto, assim, por conseguinte, em conclusão, deste modo, por este motivo, etc.)
- Estruturadores da informação que são comentadores (pois, ora), ordenadores (em primeiro lugar, em seguida, etc.) e digressores (a propósito, por certo, etc.).

2   Exemplificar. A utilização de exemplos, citações de autoridade, ou referências que testemunham a informação, contribui a esclarecer algumas das ideias expostas (por exemplo, em particular, etc.)

3   Ordenar e classificar informação. Convém organizar o conteúdo de maneira que se perceba qual é a informação primária e a secundária. Os marcadores discursivos ajudam também nesta tarefa.

4   Revisar. É indispensável redigir vários rascunhos antes de se chegar à versão definitiva. Ao revisar o rascunho, precisa-se prestar atenção tanto em seu conteúdo (se há progressão temática e se a informação foi bem distribuída; se a estrutura é clara e tem as três partes fundamentais: introdução, desenvolvimento e conclusão) quanto em sua forma (se contém parágrafos, marcadores de discurso que são variados e corretamente utilizados, um léxico preciso, uma gramática e uma ortografia corretas).

Atividade 10

Leia o seguinte texto e coloque os conectores discursivos no seu lugar correspondente.

se • portanto • porque • entretanto • dessa forma • uma vez que

O papel do catador de lixo na reciclagem

Ainda mais importante do que a reciclagem em si, são os agentes que estão por trás dela. Pessoas que passam mais de dez horas por dia carregando um peso exorbitante para conseguir o seu sustento de forma digna e ainda ajudando de forma indireta a sociedade e o meio ambiente.

Só a cidade de Curitiba conta com mais de 15 mil catadores de materiais recicláveis, dos quais 8 mil são mulheres, responsáveis pelo recolhimento de 92,5% do material. Estima-se que há cerca de um milhão de catadores em todo o país. Em geral, são trabalhadores que não possuem estudo completo e, _____, não conseguem encontrar emprego.

Os catadores de material reciclável só passaram a ser valorizados em 2003 com o decreto presidencial que criou o Comitê Interministerial de Inclusão Socioeconômica dos Catadores de Materiais Recicláveis. O objetivo desde órgão é juntar-se ao Movimento Nacional de Catadores de Papel para propor políticas públicas e ações que promovam o crescimento da categoria.

_____, apesar de serem reconhecidos pela Classificação Brasileira de Ocupações (CBO), do Ministério do Trabalho, muitos catadores ainda não conhecem os seus direitos trabalhistas e acabam sendo explorados – os materiais mais rentáveis são as latas de alumínio por cerca de R$ 1,80 o quilo e as garrafas PET

Manual prático de escrita em português/Developing Writing Skills in Portuguese

por volta de R$ 0,60 o quilo. Isso acontece, principalmente, porque estão trabalhando sozinhos e dispersos. A melhor forma de crescimento no trabalho e de ganhar um salário digno é a organização.

Cooperativas de Catadores de Lixo Reciclável

A união dos trabalhadores em grupos organizados pode ajudar até nas condições econômicas e sociais da região, _____ aumenta a renda, cria postos de trabalho e diminui a exploração infantil – muitas crianças coletam lixo para vender em galpões.

Atualmente, a melhor forma de trabalho em conjunto é através de cooperativas que, em sua maioria, são pautadas com base na economia social solidária, na qual os meios de produção e a renda gerada são distribuídos entre os trabalhadores. O principal objetivo das cooperativas fundadas neste molde é gerar trabalho, renda e melhores condições de vida para uma parcela excluída da população.

Cooperativas de Catadores em São Paulo

Em São Paulo, existem apenas 20 cooperativas conveniadas com a prefeitura, outras funcionam sem credenciamento. O convênio prevê a ajuda com caminhões para coletar o lixo, um espaço para exercer a atividade e os equipamentos necessários. Mas, nem sempre esses benefícios são garantidos e os catadores que nelas trabalham não recebem remuneração alguma da prefeitura, dependendo da venda dos materiais.

Nas cooperativas não conveniadas a coleta é feita por carroceiros e pelos próprios catadores responsáveis pela triagem. O Movimento Nacional de Catadores de Materiais Recicláveis (MNCR) estima em 2 mil o número de carroceiros, muitos do quais vivem em condições de subemprego _____ a prefeitura barra a triagem de seus materiais.

Atualmente, apenas 1% do lixo produzido na cidade de São Paulo é reciclado formalmente, e isso graças ao esforço dos catadores. _____ a categoria fosse mais reconhecida e regularizada, o número de trabalhadores poderia ser maior, bem como o estímulo da reciclagem de lixo na sociedade.

O preconceito ainda é um dos maiores problemas neste tipo de trabalho, que se torna cada vez mais importante no mundo todo, visto a enorme quantidade de lixo nos aterros sanitários.

Outro problema enfrentado é a falta de apoio da prefeitura das cidades, que deveriam incentivar e remunerar os catadores, já que acabam prestando um serviço público. Isso sem contar o risco que esse tipo de atividade oferece, expondo os catadores ao contato com substâncias tóxicas, objetos cortantes e contaminados.

Para resolver essa questão, em 2010, foi criada a Política Nacional de Resíduos Sólidos (PNRS), que aplica o princípio da responsabilidade compartilhada entre o governo, os cidadãos e iniciativas privadas. _____, não apenas o governo, mas os produtores e consumidores serão responsáveis pela destinação do lixo.

O prazo de adaptação dos municípios à PNRS vai até 2014. As expectativas são de que as cidades passem a reciclar 30% do seu lixo. Para isso, estima-se que o

O texto expositivo

número de centrais de triagem de lixo passe de 20 para pouco mais de 200, tendo em vista que a política coloca sobre as cooperativas a responsabilidade pela triagem dos materiais.

Adaptado de www.pensamentoverde.com.br

Atividade 11

Escolha um dos temas abaixo e elabore um texto expositivo de 500 palavras. Ao redigir seu texto, verifique que a estrutura seja clara, que tenha coesão, coerência e adequação, e preste atenção a todos os aspectos formais (a gramática, a ortografia, etc.).

Tema 1: "As causas e efeitos de não votar nas eleições"
Tema 2: "A relação entre competitividade e qualidade de vida"

Capítulo 4
O texto argumentativo

Em que consiste?

No texto argumentativo, procura-se convencer o leitor a partir de argumentos ou exemplos que contribuem a apoiar uma tese ou ideia central. Este tipo de texto se combina muitas vezes com o texto expositivo; entretanto, no texto argumentativo a postura e a opinião do autor ficam mais latentes.

Na hora de argumentar, expõem-se tanto os argumentos a favor quanto os contra-argumentos. Ao apresentar os dois pontos de vista, pretende-se dotar o texto de uma maior objetividade enquanto se encaminha o leitor à ideia central defendida pelo autor. Os artigos de investigação, os textos jornalísticos, de opinião ou filosóficos são alguns exemplos de textos argumentativos.

- A estrutura se divide principalmente nas seguintes partes:
  - O tema principal. Pode aparecer de maneira explícita no título.
  - A introdução. Visa a captar a atenção do leitor e apresentar algumas ideias que sustentem a tese principal.
  - A tese principal. É a ideia ou o conjunto de ideias essenciais do texto.
  - Os argumentos e os contra-argumentos. Aparecem no desenvolvimento do texto na forma de parágrafos com o objetivo de apoiar a tese principal.
  - A conclusão. Serve de recapitulação e conclui o texto através de referências à tese principal ou a alguma das ideias principais.
- Além de escolher com cuidado os argumentos, também convém selecionar uma linguagem adequada para defender a tese principal.
- Na retórica clássica, estabeleciam-se três passos principais no momento de elaborar um discurso. Estes três passos lógicos contribuem para que qualquer texto argumentativo cumpra com os requisitos fundamentais:
  - A inventio ou a seleção de ideias. Nesta parte o escritor procura descobrir e conceber os argumentos mais apropriados à tese que pretende defender, a partir do brainstorming, um esquema, um mapa mental, etc.
  - A dispositio ou a ordem dos argumentos, em que o escritor determina a forma como os argumentos devem estar ordenados no texto a fim de serem coerentes

O texto argumentativo

e de produzirem uma ordem lógica e convincente. Nesta parte, é preciso decidir onde colocar as ideias, que tipo de introdução, de argumentos, de parágrafos e de conclusão serão utilizados, etc.
- A elocutio ou o modo de expressão, que trata do estilo e da seleção de linguagem para realçar o conjunto textual dentro dos parâmetros genéricos do texto; por exemplo, um texto jornalístico, filosófico ou acadêmico. Neste processo incluem-se a escolha do léxico e de uma terminologia apropriada, o uso de expressões, a precisão do significado, o uso dos adjetivos, dos verbos, etc.

1. A introdução dos textos argumentativos

A introdução de um texto argumentativo apresenta o tema e tenta cativar a atenção do leitor. Uma boa introdução garante uma predisposição favorável por parte do destinatário. Os principais tipos de introdução indicados abaixo, apesar de se diferenciarem entre si, também podem combinar-se.

Manual prático de escrita em português/Developing Writing Skills in Portuguese

1   Introdução básica. Apresenta-se a tese a ser defendida e o assunto sobre o qual o texto se desenvolverá de forma direta, muitas vezes anunciados no título.

2   Introdução com enumeração. Neste tipo, enumeram-se fatos, motivos ou efeitos que constituem a argumentação do texto. O desenvolvimento, então, deve abordar os pontos apresentados na introdução.

3   Introdução com interrogação. Além da apresentação da tese e do assunto, o autor faz uma ou duas perguntas, muitas vezes de caráter retórico, que serão prontamente respondidas ao longo do desenvolvimento.

4   Introdução com definição ou contextualização. Previamente à exposição da tese e do tema, define-se uma determinada palavra-chave do tema, de forma a contextualizar o assunto. Os verbetes de dicionário servem de boa referência para esse tipo de introdução.

5   Introdução com citação. Esse tipo de introdução relaciona o assunto tratado com as ideias de filósofos, pensadores, escritores, de maneira textual ou parafraseada. A citação pode vir de uma fonte de informação concreta, de uma instituição de reconhecido prestígio ou de um personagem público, assim como de uma canção, um provérbio, ou de qualquer outra fonte que seja pertinente para o desenvolvimento do tema principal.

6   Introdução de caráter comparativo. Introduz-se o texto com uma comparação na qual se coloca um problema similar ou de caráter metafórico, que pode iluminar ideias ou dados pertinentes sobre a tese central do texto.

Atividade 1

1.a. Leia os diferentes trechos de alguns textos argumentativos e identifique o tipo de introdução que se utiliza em cada um deles. Sublinhe a informação que fornece os elementos-chave.

Texto 1: *Introdução com citação*

Se para Monteiro Lobato um país se faz de homens e livros, para os governantes não deveria ser diferente. Não há dúvida sobre o papel fundamental da leitura na criação de um indivíduo. Basta examinar a relevância da escrita na marcação histórica do homem, que distingue, por tal motivo, a Pré-história.

Texto 2: _____

A sociedade contemporânea mostra-se dependente da internet em várias tarefas cotidianas, como contatar colegas e familiares ou buscar informações. Todavia, será que todos têm utilizado esse meio de comunicação e entretenimento de forma completamente correta e segura?

Texto 3: _____

A partir da Terceira Revolução Industrial, começaram a planejar e difundir o mundo digital. Depois da Guerra Fria, com a ampliação da internet, ele se tornou acessível

• 72

O texto argumentativo

a milhões de pessoas em diversos lugares do planeta. Como todo meio de informação, que pode ou não ser influenciado por ideologias, há riscos na internet e precisa-se de muito cuidado para utilizá-la do modo tencionado.

Texto 4: _____

O aquecimento global e as resultantes catástrofes climáticas têm gerado preocupação não só entre cientistas, mas também entre pessoas em geral. As ações afirmativas de concessão de incentivos fiscais e a substituição progressiva da matriz energética constituem duas importantes frentes de atuação a serem defendidas pelos países.

Texto 5: _____

O preconceito racial é tema recorrente de debate. Ainda que não se possa comparar na magnitude ao observado em outras regiões do mundo, tais como nos EUA e na África do Sul durante o Apartheid, tal prática persiste no Brasil, disfarçada, algumas vezes, sob a forma de desigualdade social.

Texto 6: _____

A língua é fluida. Como um curso d'água, a língua refaz seu leito consoante as circunstâncias. Como um rio, na época da seca, a língua pode suspender sua vazão para, na estação das cheias, retomá-la inundando o que estiver em seu caminho. Qualquer iniciativa que pretenda conter ou estender a vazão de uma língua deve partir de sua nascente: a cultura de seus falantes.

Adaptado de http://colegioplaneta.com.br

1.b. Ligue os temas da lista abaixo com os textos acima.

- A construção de mecanismos para proteger a identidade cultural da língua portuguesa
- Ainda há esperança para o problema do aquecimento global?
- Os riscos do mundo digital
- A importância da leitura na sociedade atual
- Existe racismo no Brasil?
- Viver em rede no século XXI: os limites entre o público e o privado

Texto 1. *A importância da leitura na sociedade atual*
Texto 2. _____
Texto 3. _____
Texto 4. _____
Texto 5. _____
Texto 6. _____

2. Tipos de argumentos

Para argumentar, é preciso expressar diferentes raciocínios, ideias ou argumentos. Eis os principais:

1   Argumento de autoridade ou por citação. Apresenta-se uma fonte de informação de uma instituição ou de um indivíduo publicamente considerado autoridade na área que corrobora a validade da tese ou conclusão defendida.

    Ex. A Organização Mundial de Saúde defendeu a vacina papiloma vírus humano (HPV) para meninas com idade entre nove e treze anos.

2   Argumento por evidência ou comprovação. Informações concretas, como dados, estatísticas, percentuais, etc., acompanham a argumentação e evidenciam a tese.

    Ex. Segundo o Censo Educacional do Ministério da Educação, no Brasil, 1.4 milhão de crianças, para as quais o ensino é obrigatório, não frequentam as salas de aula.

3   Argumento por comparação ou analogia. Pressupõe que se duas coisas são semelhantes em alguns aspectos, é provável que também sejam semelhantes em outros.

    Ex. Se em alguns países existem leis que protegem as crianças da exposição ao sexo e à violência na televisão, por que no Brasil não há nenhum controle efetivo sobre a programação?

4   Argumento por exemplificação. Baseia-se a tese em exemplos representativos amplamente conhecidos, que trazem veracidade para o texto.

    Ex. Em alguns países a corrupção aflige não somente as altas esferas da política, mas também atinge todas as escalas sociais, desde policiais, médicos e até juízes.

5   Argumento por causa e consequência. Explica a relação que existe entre causa e efeito.

    Ex. Melhorar a qualidade dos transportes coletivos diminuirá o excesso de veículos e aliviará o estresse e os problemas sociais associados com o trânsito.

6   Argumento de princípio. A justificativa é um princípio, quer dizer, uma crença pessoal baseada em uma constatação (lógica, científica, ética, etc.) aceita como verdadeira e de validade universal.

    Ex. As greves e os protestos são importantes manifestações da democracia.

O escritor de um texto argumentativo procura a maneira mais convincente de apresentar a informação, por isso utiliza contra-argumentos, que de certo modo contradizem ou contrastam a informação dos argumentos já apresentados. Assim, ao apresentar os argumentos a favor, bem como os contrários, o escritor do texto apresenta um debate, oferecendo maior autoridade ao texto e garantindo seu poder persuasivo junto aos leitores. Seguem alguns marcadores discursivos usados para introduzir os contra-argumentos: pelo contrário, entretanto, apesar disso, não obstante, mesmo assim, etc.

• 74

O texto argumentativo

Ex. *Argumento*: As ciclovias representam um meio de transporte limpo que ocupa muito menos espaço que outras opções, oferecendo uma boa alternativa para resolver o problema do transporte público nas grandes cidades.

Ex. *Contra-argumento:* Entretanto, muitos comerciantes e moradores protestam contra a construção das vias porque temem que vagas de estacionamento possam desaparecer.

Atividade 2

2.a. Identifique os diferentes tipos de argumentos a partir do que acaba de ler. Sublinhe a informação que fornece os elementos-chave.

Texto 1:

A exemplo de cidades como Londres, a instalação de pedágios para circulação em automóveis e a ampliação da rede metroviária diminuirão o movimento nas rodovias. Ademais, seguindo o modelo de Paris e Madri, o transporte aquaviário e a oferta de bicicletas em locais estratégicos da cidade complementarão o processo de planejamento urbano.

Texto 2:

Ao se desesperar num congestionamento em São Paulo, daqueles em que o automóvel não se move nem quando o sinal está verde, o indivíduo deve saber que, por trás de sua irritação crônica e cotidiana, está uma monumental ignorância histórica. São Paulo só chegou a esse caos porque um seleto grupo de dirigentes decidiu, no início do século, que não se deveria ter metrô. Como cresce diariamente o número de veículos, a tendência é piorar ainda mais o congestionamento – o que leva técnicos a preverem como inevitável a concretização de perigos e mais desalentos no trânsito diário. (Adaptado de Folha de S.Paulo)

Texto 3:

Atualmente, considera-se a educação um dos setores mais importantes para o desenvolvimento de um país. É através da produção de conhecimentos que uma nação cresce, aumentando sua renda e melhorando a qualidade de vida das pessoas. Apesar de o Brasil ter avançado neste campo nas últimas décadas, ainda há muito para ser feito. A escola, isto é, o ensino fundamental e médio, ou a universidade tornaram-se locais de grande importância para a ascensão social.

Texto 4:

No caso do Brasil, homicídios estão assumindo uma dimensão terrivelmente grave. De acordo com os mais recentes dados divulgados pelo IBGE, sua taxa mais que dobrou

Manual prático de escrita em português/Developing Writing Skills in Portuguese

ao longo dos últimos 20 anos, tendo chegado à absurda cifra anual de 27 por mil habitantes. Entre homens jovens (de 15 a 24 anos), o índice sobe a incríveis 95,6 por mil habitantes. (Folha de S.Paulo)

Texto 5:

A condescendência com que os brasileiros têm convivido com a corrupção não é propriamente algo que abona em favor de nosso caráter. Um rápido olhar sobre as práticas cotidianas registra a amplitude e a profundidade da corrupção, em várias intensidades. Há a pequena corrupção, cotidiana e muito disseminada. É, por exemplo, a da secretária da repartição pública que enriquece seu salário datilografando trabalhos "para fora", utilizando máquina, papel e tempo que deveriam servir à instituição. Os chefes justificam esses pequenos desvios com a explicação de que os salários públicos são baixos. Assim, estabelece-se um pacto: o chefe não luta por melhores salários de seus funcionários, enquanto estes, por sua vez, não "funcionam". O outro exemplo é o do policial que entra na padaria do bairro em que faz ronda e toma de graça um café com coxinha. Em troca, garante proteção extra ao estabelecimento comercial. (Adaptado de *Brasileiro(a) é assim mesmo*. Jaime Pinsky/ Luiza Nagib Eluf)

Texto 6:

O Conselho Nacional de Saúde, na sua luta contra a obesidade infantil, afirma que o elevado consumo de sal por esta faixa etária favorece a hipertensão arterial e aprova diretrizes que regulam a publicidade de alimentos e bebidas, especialmente aquelas consideradas com alto teor de sódio e de gordura.

2.b. Leia as seguintes afirmações e escreva um argumento ou contra-argumento em um breve parágrafo para cada uma delas.

1   Estudantes deveriam passar um ano sabático antes de entrar na universidade.
2   Com a chegada de estantes virtuais, as bibliotecas tradicionais desaparecerão.
3   O dinheiro compra a felicidade.

3. A conclusão dos textos argumentativos

A conclusão, ao contrário do que muitos pensam, não é lugar de simplesmente repetir o que já foi dito. Ela precisa ser um fechamento que acrescente algo ao texto. Pode ser uma retomada da discussão, mas de uma forma inovadora, que não se limita a repetições. Pode também ser usada para fazer advertências, uma análise crítica do tema discutido ou, até mesmo, fazer sugestões, caso o tema trate de um problema social, por exemplo. Há várias formas de se concluir um texto argumentativo. Seguem as principais.

• *76*

O texto argumentativo

1   Dedução. A conclusão por dedução é o resultado de todo o raciocínio desenvolvido ao longo da redação. Essa forma de encerramento, em geral, utiliza conjunções conclusivas, como por exemplo: logo, portanto, pois (posposto ao verbo), então, assim, por isso, por conseguinte, de modo que, em vista disso, entre outras.
2   Retomada da tese. Essa técnica consiste em resumir as ideias que foram abordadas ao longo da dissertação, confirmando a tese que normalmente aparece na introdução do texto. Esse tipo de introdução é a mais adequada para garantir a coerência da redação.
3   Intervenção. Trata-se de elaborar uma sugestão para solucionar o problema posto em debate na proposta de redação. Certamente, não é possível propor uma solução "milagrosa" para determinada situação em pouco mais de cinco linhas. Por essa razão, esse tipo de conclusão é denominado intervenção, e não apenas "solução".

4. O processo da argumentação e os traços linguísticos do texto argumentativo

Um dos grandes desafios na hora de redigir um texto argumentativo consiste em escolher o registro de linguagem a ser adotado. Geralmente, emprega-se uma linguagem impessoal e objetiva, com uso da forma culta da língua. Pode-se, porém, usar recursos poéticos, históricos e linguísticos.

Alguns dos principais traços linguísticos que estes textos adotam são:

1   A variedade e a precisão verbal, para evitar o uso excessivo dos verbos comuns, ex. ter, fazer, ser, dizer, haver.
2   Um vocabulário variado e preciso, com terminologia adequada quando se trata de um texto técnico.
3   O uso de adjetivos para expressar diferentes nuances, que sejam antepostos ou pospostos, e que contribuam para mostrar o ponto de vista do autor.
4   O cuidado para evitar clichês, chavões, frases prontas e verdades universais, que empobrecem o texto e não contribuem para o desenvolvimento das ideias.
5   Os conectores discursivos a fim de obter um texto claro, coeso e elegante.
6   As comparações, a exemplificação e o uso da linguagem metafórica, para que o texto seja mais convincente.
7   As orações condicionais e interrogações retóricas como passo prévio ao desenvolvimento de uma ideia antes de se começar a abordar o tema.
8   O tom ou o estilo do texto tende a ser mais formal, mas também se podem combinar o estilo culto e o informal, dependendo do tema e do destinatário.
9   A impessoalização da linguagem para dotar o texto de uma maior objetividade; isso implica evitar o uso da primeira pessoa ou a referência direta à pessoa que escreve. Isto se consegue através das expressões impessoais (ex. é importante; é preciso); o pronome impessoal "se"; um agente inanimado (ex. o governo, os parlamentares); a voz passiva.

Manual prático de escrita em português/Developing Writing Skills in Portuguese

Atividade 3

3.a. Os conectores discursivos são responsáveis pela articulação e progressão textuais. A utilização adequada desses recursos possibilita a redação de um texto claro e eficiente. Complete a tabela com os seguintes conectores do discurso de acordo com sua função comunicativa.

tal como • em seguida • outrossim • por conseguinte • embora • nomeadamente • contanto que • por esta razão • isto é • dito de outro modo • com efeito • pelo contrário • a fim de que • às vezes com efeito • em resumo •

Função comunicativa	Conector do discurso
1 Adicionar/Enumerar	Em primeiro lugar
2 Sintetizar/Concluir	Assim
3 Explicar/Exemplificar	Uma vez que
4 Inferir	Em consequência
5 Substituir/Reformular	Mais precisamente
6 Contrariar/Opor/Restringir	No entanto
7 Finalidade	Para que
8 Enfatizar	Na verdade
9 Reafirmar/Resumir	Ou seja
10 Semelhança	Da mesma forma
11 Adição, continuação	Além disso
12 Fazer concessão	Se bem que
13 Condição, hipótese	Caso
14 Ilustração, esclarecimento	Quer dizer
15 Certeza, ênfase	Efetivamente
16 Tempo, frequência	Não raro

Há que se ter em conta que os conectores que pertencem a uma mesma categoria nem sempre são intercambiáveis. Seu uso pode depender do estilo do texto ou da frequência com a qual eles são utilizados. Caso tenha dúvida, verifique seu uso na tabela no capítulo 7.

3.b. Preencha os espaços com o conector que exprima o tipo de relação proposta entre parênteses. Você pode usar os da lista abaixo, ou outros de sentido equivalente.

isto é • caso • tal como • embora • em conclusão • no entanto • além de • a fim de que • dado que • efetivamente

1 _____, um dos pontos mais frágeis e problemáticos da incineração do lixo é o impacto ambiental. (enfatizar)
2 Os incineradores geram a maior fonte de poluição por mercúrio, _____ fonte de poluição por metais pesados. (adição)
3 A companhia de saneamento básico quer incinerar lixo da cidade _____ a sociedade já tenha se posicionado contra a incineração e a favor de outras práticas mais sustentáveis. (concessão)

• 78

O texto argumentativo

4 Pretende-se usar a incineração como alternativa ao envio de resíduos aos aterros sanitários, _____ uma espécie de depósito no qual são descartados resíduos sólidos urbanos. (esclarecimento)

5 A política nacional promove uma prática do lixo zero, _____ queimar resíduos significa produzir uma quantidade de detrito cada vez maior. (oposição)

6 Existem diversas ações alternativas à prática de incineração, _____ a reciclagem de materiais secos e a coleta do orgânico para compostagem. (exemplificar)

7 Os ambientalistas contestam a técnica da incineração, _____ representa um retrocesso em relação aos processos de reciclagem. (causa)

8 É preciso incentivar as práticas alternativas _____ haja o fechamento da maioria dos incineradores nos próximos anos. (finalidade)

9 As consequências ambientais podem ser desastrosas _____ as medidas sugeridas não sejam implementadas. (condição)

10 _____, a incineração é uma maneira de resolver o problema de resíduos urbanos, mas não é a única nem a melhor para o ambiente. (conclusão)

Atividade 4

4.a. Uma maneira de iniciar o processo de escrita de uma redação é a partir de um texto motivador, que forneça elementos contextualizados que estimulam o escritor a refletir sobre o tema abordado. Além de contextualizar, o texto motivador faz com que o escritor reflita e busque, nos conhecimentos construídos ao longo de sua formação, informações a respeito do tema e, assim, consiga ter ideias para desenvolver sua dissertação. Leia o seguinte editorial da *Folha de S.Paulo* e responda às perguntas abaixo.

Paliativo rosa

Não é de hoje que se aventa a ideia de destinar às mulheres um espaço segregado no transporte público como forma de protegê-las dos lamentáveis episódios de assédio sexual. Tampouco são novos, contudo, o fracasso e as limitações desse tipo de política.

Ainda no início do século 20, algumas cidades do Japão estabeleceram em seus sistemas de trens vagões reservados ou exclusivos. Até hoje, porém, registram-se milhares de casos de violência sexual no transporte público do país.

Experiências mais recentes em outros lugares do mundo também ficaram aquém do desejado. A socióloga Amy Dunckel-Graglia acompanha a Cidade do México desde o começo dos anos 2000.

Naquele momento, as autoridades reconheceram que, por causa do perigo a que estavam expostas – um problema em si – , as mulheres sofriam restrições em seu direito de participar da vida urbana.

Na tentativa de melhorar esse cenário, instituiu-se o transporte segregado inclusive em ônibus e táxis. A violência de gênero, no entanto, permaneceu. Em 2008, uma pesquisa constatou que 80% das mulheres tinham sofrido algum tipo de abuso sexual no transporte público nos 12 meses anteriores.

Até mesmo São Paulo, onde a Assembleia Legislativa recentemente aprovou projeto que obriga o metrô e a CPTM a terem vagões exclusivos para mulheres, já teve experiência similar nos anos 1990.

Manual prático de escrita em português/Developing Writing Skills in Portuguese

Depois de receber um abaixo-assinado, a CPTM aderiu ao transporte segregado. Não foi só a violação ao princípio constitucional da igualdade de gêneros que levou ao fracasso da iniciativa. Também se impôs a realidade: num sistema sobrecarregado, é operacionalmente problemático restringir vagões a um grupo de pessoas. A situação tornou-se mais grave com o passar dos anos. O transporte público paulistano sobre trilhos hoje opera no limite de sua capacidade – e já são muitas as dificuldades para garantir a idosos, gestantes e deficientes o embarque prioritário nos horários de pico.

Seria melhor, portanto, buscar outro modelo. Na própria Cidade do México e em Londres, têm gerado bons resultados projetos destinados a deixar as mulheres mais confortáveis quando precisarem reportar casos de violência sexual.

Treinamento de policiais para lidar com esse tipo de denúncia, unidades de atendimento nas estações e campanhas que reforçam o direito de viajar sem assédio colaboram para reduzir a quantidade de agressões e aumentar a notificação dos crimes. Ampliar o monitoramento por câmeras também ajudaria a inibir certos abusos.

Aos olhos do governo, talvez os vagões rosas tenham uma vantagem: sua implantação é mais simples. A sociedade, entretanto, não pode aceitar meros paliativos.

www1.folha.uol.com.br

1 Qual é o tema do texto?
2 Explique o título.
3 Além de introduzir o tema do texto, o que mais se afirma na introdução?
4 Por que o autor cita as tentativas implementadas no Japão e na Cidade do México? E as experiências de Londres?
5 Segundo o texto, por que a criação de um espaço de segregação feminina destina-se ao fracasso, mesmo que seja mais fácil de executar?

4.b. Complete com os conectores discursivos o seguinte texto motivado pelo editorial acima. Preste atenção ao contexto e ao sentido, e lembre-se de que alguns podem ser intercambiáveis.

Marcha das vadias

A Constituição Brasileira de 1988 estabelece claramente: todos são iguais perante a lei. O princípio isonômico é fundamental em uma democracia moderna, sendo criado _____ qualquer distinção entre os diversos grupos sociais seja abolida de modo pleno e todos possam usufruir dos mesmos direitos. _____, os preceitos do modelo patriarcalista, o qual a sociedade brasileira sustentou, têm superado todas as conquistas civis, e a desigualdade entre os gêneros ainda permanece constante no cotidiano. Isso explica a recente política de segregação espacial das mulheres em transportes públicos, como no metrô, com os "vagões rosa", _____, embora tenha sido adotada _____ seu conforto fosse preservado, apenas reafirma sua fragilidade perante o homem, _____ atribuir a elas a culpa dos casos de assédio sexual.	No entanto para que visto que além de a fim de que

• 80

O texto argumentativo

A repressão da mulher está presente desde os tempos mais remotos da civilização. Na antiga Grécia, as famosas mulheres de Atenas já eram vistas como elementos inferiores, por serem supostamente destituídas de qualquer capacidade humana valiosa e, _____, deveriam ser _____ submetidas ao poder do homem, _____ privadas de seus direitos como cidadãs. A difusão da ideologia da supremacia masculina foi profundamente incorporada, e a inferiorização da capacidade feminina atingiu um caráter extremo: a reificação do seu corpo. A mulher é vista como um objeto de satisfação sexual do homem, um ser que deve ter um espaço de atuação restrito ao ambiente doméstico, distante do mercado de trabalho, _____ este privilégio pertence apenas aos homens. Nesse contexto, o movimento feminista, com passeatas como a "Marcha das vadias", emergiu como reação à subvaloração da mulher, e suas conquistas foram determinantes para sua integração social quase plena.	uma vez que portanto não só . . . mas também
Em certos momentos, _____, essa evolução sofre um verdadeiro retrocesso e, novamente a postura machista prevalece, como se vê na criação do "vagão rosa" no metrô. Não se pode refutar a essência positiva do objetivo de proteger a mulher contra os possíveis constrangimentos ou abusos, _____ tal postura apenas reafirma sua fragilidade perante o homem, pois não impele um embate _____ os crimes sofridos por ela sejam discutidos ou exterminados. _____, separá-la em um ambiente público representa uma maneira "eufêmica" de reafirmar que essa postura do homem é natural e, _____, cabe à mulher ser punida, e não o agressor.	contudo portanto porém Pelo contrário a fim de que
Essa questão leva a um debate importante sobre a culpabilidade da mulher perante os crimes sexuais sofridos por ela. É comum (e sem qualquer fundamento), na sociedade brasileira, o julgamento prévio da moral de uma mulher, baseando-se somente em seu modo de se vestir. _____, argumenta-se que, por estar usando saia curta ou vestido decotado, "está pedindo para ser estuprada". Tal ideia ilógica e desprovida carece de qualquer sentido racional. A culpa de um crime jamais deve ser atribuída à vítima, _____, sim, ao seu executor. Essa atitude isenta o criminoso de sua culpa e, _____, banaliza a gravidade do ato, _____ o caracteriza como "comportamento inerente à natureza do homem".	mas Além disso pois ainda
A segregação da mulher é uma prática baseada em intenções positivas, _____ seu efeito é diametralmente oposto, _____ vai de encontro à luta pela igualdade plena entre os gêneros e ao princípio isonômico da Constituição Brasileira.	visto que no entanto

Adaptado de *Caderno de redações da PUC-Campinas*

4.c. Agora leia o texto completo e responda às perguntas.

1 O que é a "Marcha das vadias"? Quando ocorreu a primeira marcha no Brasil?
2 No texto utilizam-se formas verbais cultas. Identifique-as e assinale os sinônimos dos seguintes verbos.

   a. aproveitar
   b. dar
   c. ganhar

Manual prático de escrita em português/Developing Writing Skills in Portuguese

    d. aparecer
    e. continuar
    f. faltar
    g. promover
    h. negar
    i. livrar

3   Sublinhe todos os adjetivos antepostos que se encontram no texto e explique por que eles estão sendo utilizados desta maneira. Consulte o capítulo 2 se precisar.

4   Explique o significado das seguintes expressões de acordo com o contexto.

    a. *"O princípio isonômico* é fundamental em uma democracia moderna"
    b. "Isso explica a recente política de *segregação espacial* das mulheres em transportes públicos"
    c. *"a reificação do seu corpo"*
    d. "como se vê na criação do *'vagão rosa'* no metrô"
    e. "separá-la em um ambiente público é *uma maneira 'eufêmica'* de reafirmar que essa postura do homem é natural"
    f. "É comum, [. . .] na sociedade brasileira, *o julgamento prévio* da moral de uma mulher"

Atividade 5

5.a. Leia o seguinte texto argumentativo e sublinhe os conectores discursivos. Preste atenção em como se introduz a informação e no que consta nas diferentes partes.

Educa-se ou pune-se

A urbanização promove inúmeros benefícios, como serviços e facilidades, mas exige da sociedade cuidados em relação à preservação de suas estruturas e organização, como a manutenção da limpeza. O vício de jogar lixo nas ruas é falha cultural do brasileiro e precisa ser revertido por meio de campanhas educacionais, pois apenas uma medida ou outra não provocará efeitos adequados.

No mundo em que o dinheiro é a referência, as multas produzem saídas eficientes para o cumprimento de leis e concretização de propostas, uma vez que afetam os cidadãos de forma imediata e impactante. Além disso, o sistema de arrecadação permite o reinvestimento do capital no mesmo projeto, cuja continuidade depende de verbas para a remuneração de funcionários envolvidos e para o crescimento da campanha.

Por outro lado, o sucesso da mudança de hábito depende da criação de consciência, pois, se o penalizado entender a justificativa da multa, as chances de colaborar, em vez de reclamar do prejuízo, aumentam, por conseguinte mais pessoas são informadas e mais rapidamente os efeitos são percebidos. Como a sociedade precisa saber dos prejuízos que pode causar ao jogar lixo em lugares inadequados – proliferação de doenças e problemas urbanos – exigem-se campanhas educacionais.

• 82

O texto argumentativo

Além dessa combinação entre multas e conscientização, devem-se promover medidas do "efeito metrô", projeto desenvolvido por arquitetos de São Paulo que utiliza a capacidade educadora da arquitetura. No metrô de São Paulo, todas as noites, os vagões são reparados e limpos, para que o usuário sempre os veja como ambientes limpos e não os sujem. Os efeitos são satisfatórios, pois, inconscientemente, as pessoas não estão dispostas a jogar lixo no chão de um shopping ou de um consultório médico, mas não se preocupam em aumentar o lixo que se acumula na rua. Nesse contexto, o governo responsabiliza-se pela manutenção de ruas limpas e com muitas lixeiras para estimular e facilitar o comportamento correto.

Em suma, com a fiscalização eficaz e constante e com multas compatíveis com as condições financeiras de cada infrator, o vício de jogar lixo nas ruas tem grandes chances de ser erradicado, e a conscientização popular, de ser aumentada. Como defendia José Saramago: educa-se ou pune-se. Pune-se quem não for educado e educa-se de modo que não seja punido.

Adaptado de Caderno de redações da PUC-Campinas

5.b. Identifique as principais partes do texto "Educa-se ou pune-se" indicadas na tabela.

Tema	A sujeira nas ruas
Título	Educa-se ou pune-se
Introdução	
Tese principal	Só o conjunto do punir e do educar pode resolver o problema da sujeira nas ruas.
Argumento 1	
Argumento 2	
Contra-argumento	
Argumento 3	
Argumento 4	
Argumento 5	
Conclusão	

Atividade 6

6.a. Antes de escrever um texto argumentativo sobre "o planejamento urbano", anote todos os aspectos que esta imagem sugere. Você pode realizar uma pequena pesquisa preliminar para familiarizar-se com o tema.

São Paulo.

Source: www.pexels.com/photo/aerial-architecture-black-and-white-building-311629/

O planejamento urbano

6.b. Leia os dois textos que apresentam diferentes visões da mesma questão. Escolha a visão que lhe parece mais acertada e prepare um mapa conceitual.

Texto 1: O planejamento urbano, sobretudo nos grandes centros, deve incentivar a desaceleração do transporte pessoal, criando todas as condições para o aperfeiçoamento e aprimoramento do sistema de transporte coletivo. O automóvel, aspiração de tantos, em pouco tempo deixará – felizmente – de condicionar as edificações urbanas.

Texto 2: Desde que se adotou o uso do transporte pessoal como referência para o planejamento urbano, a necessidade urgente dos grandes centros é a criação de sistemas de engenharia viária que garantam ao cidadão o direito de transportar-se em veículo próprio, sendo o transporte público uma opção pessoal.

6.c. Acrescente argumentos e contra-argumentos nos quais você analise as vantagens e desvantagens.

Vantagens	Argumentos
	Contra-argumentos
Desvantagens	Argumentos
	Contra-argumentos

O texto argumentativo

6.d. Elabore a introdução a um texto argumentativo, na qual você expressa a tese principal.

Atividade 7

7.a. Um dos principais problemas de estilo se manifesta no uso excessivo de determinados verbos. A dissertação abaixo, sobre obesidade infantil, padece de um excesso de ocorrências do verbo "ser" nos três primeiros parágrafos. Reescreva as frases nas quais se encontra esse verbo, de modo a evitar sua repetição. Em alguns casos, basta substituir por um outro verbo, como na primeira oração; em outros casos, será preciso reformular a frase.

Liberdade e obesidade

A partir da segunda metade do século XX, é notável (1) uma grande mudança no comportamento social, a qual, a despeito de muitas conquistas positivas, agravou certos problemas. Entre outros, a obesidade infantil é um dos preocupantes (2), para o qual não se encontra solução fácil.

A gravidade do excesso de peso em crianças, geralmente associado à má alimentação e ao sedentarismo, é ressaltada (3), cada vez mais, principalmente devido ao fato de que os infantes de hoje *serão* (4) a próxima geração adulta, com responsabilidades familiares, econômicas e sociais, mas com saúde extremamente frágil. Muitas *são* (5) as sugestões apresentadas, a fim de sanar o problema, apesar de nenhuma delas ter obtido resultados expressivos.

É (6) observável que o índice de sobrepeso é (7) mais alto em países desenvolvidos. Isso é (8) porque a renda média da população, associada ao bombardeio de comerciais de guloseimas, é (9) maior nesses países, promovendo certo comodismo na sociedade e induzindo ao consumismo.

Teóricos de Frankfurt, em especial Theodore Adorno e Max Horkheimer, no livro "A personalidade autoritária", comparam a sociedade capitalista ao fascismo, devido ao imperativo exercido pela cultura consumista dominadora. O francês Michel Foucault, com esse mesmo raciocínio, alega a inexistência real do livre arbítrio. Por mais que tais ideias não se sustentem para a população adulta, no caso das crianças, pela sua situação vulnerável e influenciável, elas parecem bem plausíveis.

Muito se discute a adoção de hipertaxações e restrições a propagandas de produtos muito calóricos ou nocivos, tal como se fez com o tabaco, entretanto tais medidas até que ponto não afetam a liberdade individual? Não se estaria, assim, fazendo uma política de "moldar a sociedade" aproximando-se, desse modo, do próprio fascismo? Além de tudo, a alta carga tributária favoreceria as grandes corporações, já que eliminaria a concorrência dessas com as pequenas e médias empresas, que sofreriam prejuízos notáveis.

O governo pode, sim, e deve, tomar algumas atitudes. Todavia não deve interferir na liberdade de escolha individual. Cabe a ele promover programas de orientação aos pais e às crianças, incentivando as últimas à prática de exercícios físicos e os primeiros, a educar seus filhos e provê-los de uma alimentação balanceada e saudável.

Adaptado de Caderno de redações da PUC-Campinas

Manual prático de escrita em português/Developing Writing Skills in Portuguese

1 nota-se
2 _____
3 _____
4 _____
5 _____
6 _____
7 _____
8 _____
9 _____

7.b. Reúna os dois períodos simples de cada item em um período composto por subordinação estabelecendo uma relação de finalidade, condição ou concessão entre as orações. Siga o modelo.

> Ex. A administração adotar as várias propostas. Não registrar nenhum resultado expressivo. Embora
> Embora a administração adotasse as várias propostas, não registrou nenhum resultado expressivo.

1 A presidenta incentivar o exercício físico. Os jovens ficar mais saudáveis. para que
2 As redes restringir a propaganda de alimentos muito calóricos. O desejo de consumi-los não diminuir. Mesmo que
3 Os cidadãos apoiar a atitude proposta pelo governo. Não interferir na liberdade de escolha individual. contanto que
4 O governo impor a hipertaxação de produtos nocivos. Os oponentes organizar protestos. Caso
5 Os diretores recusar limitar o número de comerciais de guloseimas. Os nutricionistas propor a ideia como uma solução ao problema de obesidade infantil. ainda que
6 As autoridades promover programas de orientação aos pais. A grande maioria dos jovens não melhorar a alimentação. Por mais que
7 Os pais prover as crianças de uma alimentação balanceada. A taxa de obesidade infantil diminuir. a fim de que
8 Segundo certos teóricos, ser preciso erradicar a cultura consumista. O livre arbítrio poder existir. de modo que
9 Os especialistas oferecer muitas sugestões. O comportamento social não melhorar. Embora
10 Muitas famílias implementar modificações nos hábitos alimentares. Minimizar os índices de sobrepeso. sem que

7.c. Combine os elementos das duas colunas para expressar opiniões sobre a preocupação com o transporte público. Use o futuro do subjuntivo e o futuro simples do indicativo para completar os períodos de forma lógica, utilizando cada conjunção apenas uma vez. Siga o modelo.

> Modelo: Quando . . . A tarifa é mais acessível e o atendimento aos usuários melhora.
> Quando a tarifa for mais acessível, o atendimento aos usuários melhorará.

• 86

O texto argumentativo

1 Sempre que	a	As autoridades instituem faixas exclusivas de ônibus e a locomoção torna-se mais eficiente.
2 Se	b	Implementam-se essas medidas e a poluição ambiental diminui.
3 Assim que	c	O governo faz um transporte público mais amplo e massificado e evita-se a ocorrência de ônibus lotados e insuficientes para atender à população.
4 Quando	d	Há preocupações com o bem-estar da população e há também soluções.
5 Depois que	e	O movimento CicloviaJá termina a construção de uma ciclovia que passa em frente ao colégio e as crianças fazem o uso da bicicleta para ir à escola.
6 Enquanto	f	A Política Nacional de Mobilidade Urbana dá um incentivo ao transporte coletivo público nas cidades e os cidadãos cogitam a possibilidade de trocar o carro próprio pelos ônibus e metrôs.
7 Logo que	g	Os ciclistas têm acesso à ciclovia e podem circular de forma mais segura.
8 Onde	h	O governo investe nos direitos dos cidadãos e a população se sente respeitada.

7.d. Agora, expresse hipóteses que contrariam fatos passados (acontecimentos irreais do passado), usando a conjunção se + mais-que-perfeito do subjuntivo e o pretérito do condicional. Siga o modelo.

Ex. Quando a tarifa for mais acessível, o atendimento aos usuários melhorará.

Se a tarifa tivesse sido mais acessível, o atendimento aos usuários teria melhorado.

1

2

3

4

5

6

7

8

Atividade 8

8.a. O estilo é um componente muito importante em qualquer texto argumentativo e na escrita em geral, já que contribui para captar o interesse do leitor. Leia o seguinte texto e sublinhe tudo o que se deve mudar para melhorá-lo.

Texto 1:

A crônica é um texto criado para circular exclusivamente no jornal que pode conter um conteúdo informativo, mas tem uma particularidade de ter num mesmo texto fantasia, humor, certo grau de criticidade e ficção, dependendo do toque pessoal que o cronista queira dar. O gênero da crônica fala de coisas bastante pessoais, misturando

Manual prático de escrita em português/Developing Writing Skills in Portuguese

informação, crítica e poesia, para trazer ao leitor uma visão muito especial que um autor tem sobre determinada coisa ou assunto. Também, é um texto muito simpático de se ler que provoca identificação no leitor por geralmente falar de temas que dizem respeito a todos de forma simples e descontraída. A sátira, a ironia, o uso da linguagem coloquial demonstrada na fala das personagens, a exposição dos sentimentos e a reflexão sobre diversas coisas estão presentes nas crônicas, e por isso, são uma excelente opção para pessoas que querem obter o hábito da leitura.

8.b. Aqui vai uma versão do mesmo texto em que o estilo está muito mais cuidado e trabalhado. Compare as mudanças que foram feitas para melhorar o texto, sublinhe as diferenças e identifique um exemplo para cada categoria.

Texto 2:

A crônica caracteriza-se por ser um texto criado para circular exclusivamente na imprensa que pode conter um teor informativo; contudo, possui a particularidade de envolver num mesmo escrito fantasia, humor, certo grau de criticidade e ficção, dependendo do toque pessoal que o cronista lhe queira conferir. O gênero da crônica narra eventos bastante pessoais, misturando informação, crítica e poesia, para oferecer ao leitor a visão muito particular que um autor carrega sobre determinada questão ou assunto. Além disso, trata-se de um texto bem prazeroso de se ler, que provoca identificação no receptor por abordar, em geral, temas que interessam a todos de forma informal e descontraída. A sátira, a ironia, o uso da linguagem coloquial, a exposição dos sentimentos e a reflexão sobre diversos acontecimentos encontram-se nas crônicas, e, por isso, representam uma excelente opção para pessoas que queiram adquirir o hábito da leitura.

1 Precisão no uso de verbos:
   Ex. é – > caracteriza-se por ser
2 Evitar o uso de verbos comuns (ter, fazer, dizer, dar, etc.)
   Ex. tem – > possui
3 Precisão no uso de substantivos:
   Ex. jornal – > imprensa
4 Precisão no uso de adjetivos:
   Ex. especial – > particular
5 Precisão no uso de conectores discursivos:
   Ex. mas – > contudo
6 Evitar as repetições:
   Ex. conter um conteúdo – > conter um teor

Atividade 9

Escolha um dos temas abaixo e escreva um texto argumentativo entre 750 e 1000 palavras. Na hora de redigir o texto, observe todos os aspectos que foram mencionados neste capítulo e não se esqueça de atribuir seu próprio título.

Tema 1: Ativismo nas redes sociais
Tema 2: A distribuição de renda

• 88

O texto argumentativo

Lembre-se

1 selecionar bem o tipo de introdução;
2 selecionar bem a ordem dos parágrafos e dos argumentos, e sua colocação;
3 selecionar bem o tipo de conclusão;
4 utilizar os conectores discursivos para introduzir e organizar a informação;
5 enriquecer o estilo através da precisão lexical e verbal, etc.

Capítulo 5
O texto jornalístico

Em que consiste?

Os textos jornalísticos visam informar sobre o que acontece no mundo de maneira verídica, precisa, clara e breve.

- Os principais objetivos dos textos jornalísticos são:
  - **informar e instruir:** sobre um fato ou um tema específico que se quer divulgar ao público e sobre o qual se procura uma maior difusão;
  - **entreter:** com reportagens sobre temas de atualidade ou com notícias que interessam ao público em geral;
  - **vender:** através diferentes recursos, como por exemplo o uso de títulos chamativos ou de componentes publicitários.
- Em geral, **a linguagem jornalística** caracteriza-se por:
  1. um tipo de linguagem que persegue, de regra geral, uma função principalmente informativa;
  2. um tipo de público ou leitor concreto a quem se dirige o texto em questão;
  3. uma abordagem determinada com maior ou menor objetividade, de acordo com o gênero jornalístico: uma notícia de última hora, uma reportagem, um artigo de opinião, uma resenha, uma entrevista, um editorial, uma coluna, etc. Em cada gênero se reflete uma variedade de estilo e de léxico segundo a finalidade informativa;
  4. uma multiplicidade temática interdisciplinar: notícias de política nacional e internacional, economia, cultura, esportes, educação, ciência e tecnologia, sociedade, saúde, viagens e turismo, etc.

Por vezes, o jornalismo também procura influir e até manipular a opinião pública sobre um ponto de vista expressado pelo jornalista ou pela equipe editorial. Nesses casos, um grande componente argumentativo ou persuasivo acompanha a linguagem utilizada.

1. Características e objetivos

A notícia jornalística deve ter um texto claro, fácil de entender e o suficiente para atrair e manter a atenção do leitor. Entre as características gerais da notícia encontram-se:

O texto jornalístico

1   **A concisão, a clareza e a brevidade da informação.** O enorme volume da atualidade informativa e as limitações de espaço exigem que concisão e brevidade sejam essenciais para transmitir o máximo de informação possível. Para tanto, o jornalista evita os dados irrelevantes e as repetições e apresenta os fatos de forma ordenada e lógica.

2   **A estrutura de pirâmide invertida.** A fim de captar a atenção do leitor, utiliza-se a estrutura de "pirâmide invertida", pois a informação mais relevante da notícia aparece logo no primeiro parágrafo. Nos parágrafos seguintes surgem outras informações por ordem decrescente de importância. Assim, o leitor tem uma ideia do que a matéria trata logo no início e, caso não tenha tempo de ler toda a matéria ou não se interesse por ela, ele dispensa os detalhes, mas não a informação em si.

3   **A procura da objetividade como norma geral.** A informação jornalística, e a notícia em particular, pretende apresentar fatos da maneira mais objetiva possível. Por isso, tentam-se evitar adjetivos valorativos, vocábulos pouco concretos, pronomes ou formas verbais na primeira pessoa, ou outros recursos que possam deixar o texto subjetivo. É difícil, contudo, falar de um texto jornalístico totalmente objetivo, já que qualquer texto escrito tende a representar o ponto de vista particular de quem o escreve.

Em todo caso, o jornalismo procura informar, portanto o conteúdo de uma notícia deve responder às seguintes perguntas: o quê (acontecimento, evento, fato ocorrido)?, quem (qual personagem está envolvido no acontecimento)?, como (modo que ocorreu o evento)?, onde (local em que aconteceu o episódio)?, quando (horário ou data em que ocorreu o fato)?, e por quê (qual a causa do evento)?

Atividade 1

Ordene os parágrafos da seguinte notícia para que a leitura seja coerente.

Notícia: "Conselho da USP aprova cotas sociais e raciais para vestibular de 2018"

Ordem	Texto da notícia
A (___)	A proposta inicial votada nesta terça-feira pelo Conselho Universitário, elaborada pela Reitoria, considerava apenas cotas sociais. A definição de cotas raciais foi aprovada como um destaque. Antes da reunião do conselho, cerca de 300 professores assinaram um manifesto defendendo a medida. "As cotas somente para escolas públicas não bastam para garantir que a universidade alcance a meta da composição étnico-racial da população", escreveram.
B (___)	O Conselho Universitário da USP (Universidade de São Paulo) aprovou em reunião nesta terça-feira a instituição de cotas sociais e raciais a partir do vestibular de 2018. O sistema será implantado de forma escalonada ao longo de quatro anos.
C (___)	O reitor da USP, Marco Antonio Zago, classificou a decisão do Conselho Universitário como "histórica". "É emblemático, porque representa uma universidade que tem liderança e muita visibilidade no país", afirmou.

Manual prático de escrita em português/Developing Writing Skills in Portuguese

Ordem	Texto da notícia
D (___)	A implementação de cotas representa a quebra de um tabu na USP. A universidade vinha sofrendo há anos pressão de parte dos alunos para implementar medidas nesse sentido. Desde 2012, por lei, todas as universidades federais adotam o sistema. Algumas já o faziam antes, de forma voluntária.
E (___)	Em 2018, 37% das vagas deverão ser destinadas a alunos de escola pública. Essa proporção deve subir para 40% em 2019, 45% em 2020 e, finalmente, 50% em 2021. Dentro dessa cota da rede pública deverão ser reservadas vagas para pretos, pardos e indígenas na mesma proporção da presença dessa população verificada pelo IBGE no Estado de São Paulo. Hoje, esse índice é de 37%. Assim, no ano que vem, a cota racial seria de 13,7% do total de vagas.

Editado de Fernanda Pereira Neves, *Folha de S.Paulo*

Atividade 2

Leia com atenção a seguinte notícia e responda com suas próprias palavras às perguntas abaixo.

Notícia: "Em patrulha, PM ouve choro de bebê desconhecido e resolve amamentá-lo"

Ao ver um bebê desconhecido chorando no colo do pai, a policial militar Ana Maria de Figueiredo, 24, não teve dúvidas. Pediu autorização ao pai e amamentou ela mesmo a criança.

"Não me preocupei muito na hora. Não conhecia sobre amamentação cruzada. Só fiquei sabendo depois da repercussão que teve e as pessoas discutindo nas redes sociais sobre eu ter amamentado um bebê na rua", conta a soldado, que é mãe de uma criança de três anos.

O caso aconteceu no centro de Belém, capital paraense, no início do mês passado, quando a equipe dela viu um homem carregando um bebê de quase um mês de vida e que não parava de chorar. O choro da criança e a nítida falta de preparo do rapaz, que não carregava nenhuma bolsa com os pertences do bebê, chamou a atenção dos policiais na hora.

Ana Maria diz que foi o instinto maternal que a fez compartilhar o leite com uma criança desconhecida. "As pessoas disseram que eu poderia prejudicar a criança com a amamentação, mas eu fiquei tranquila porque ainda amamento o meu filho e com frequência faço exames de sangue. Sou saudável", afirma a policial militar.

Segundo ela, o ato ganhou repercussão porque dá à Polícia Militar certo ar de humanização. "As pessoas gostam de escutar histórias de heroísmo que não sejam de violência", afirma.

Jússia Carvalho, *Folha de S.Paulo*

O texto jornalístico

1   O que aconteceu?
2   Quem é o/a protagonista?
3   Como se desenrolou o evento?
4   Quando sucedeu?
5   Onde ocorreu?
6   Por que aconteceu e a qual conclusão se chega com a notícia?

2. O título e o título auxiliar

O título, também chamado de manchete, sintetiza o tema a ser abordado e serve para captar a atenção do leitor. Por vezes, encontra-se um título auxiliar, que serve como um complemento do principal, com o acréscimo de algumas informações, a fim de torná-lo ainda mais chamativo ao receptor.

Atividade 3

3.a. Leia os seguintes títulos e ligue-os com os títulos auxiliares que correspondem à mesma notícia.

O título da notícia	O título auxiliar da notícia
1 Justiça do Rio confirma liberação da maconha medicinal	a Seleção derrotou a Rússia em partida decidida somente no tie-break
2 Invenção do caixa eletrônico completa 50 anos nesta terça-feira	b Cientistas analisaram aspectos como memória e atenção
3 Ruy Castro leva a história da bossa nova para o rádio	c Dar atenção apenas a croissants ou passar horas para tentar subir a Torre Eiffel são erros grandes
4 Fertilidade masculina também é afetada pelo relógio biológico	d Saída do Reino Unido da União Europeia causa preocupações políticas e econômicas para europeus
5 Pesquisa afirma que menstruação não afeta cognição das mulheres	e Documentação apresentada prevê privatização de usinas da Eletrobras
6 Reforma no setor elétrico pode acrescer a conta de luz em até 7%	f Implantação aumentará até 2021 quando 50% das vagas serão destinadas aos estudantes da rede pública
7 Em Madri, embaixador italiano critica indecisão britânica no Brexit	g Em 27 de junho de 1967, o inglês Reg Varney retirava a primeira nota de uma máquina
8 Brasil se classificou na Liga Mundial de Vôlei	h Decisão favorece mãe que planta cannabis sativa em casa para auxiliar o tratamento de uma doença crônica da filha
9 O que evitar ao visitar Paris	i Avanço da idade diminui as chances de homens se tornarem pais, afirma estudo
10 Adoção de cotas pela USP divide alunos e acadêmicos	j Série estreia neste domingo, com canções pouco conhecidas e gravações inusitadas de clássicos

Títulos adaptados de O globo

Manual prático de escrita em português/Developing Writing Skills in Portuguese

3.b. Escolha a seção do jornal em que cada tema da notícia melhor se encaixa e escreva o número na tabela. Embora em alguns casos um título possa caber em mais de uma categoria, há apenas um título para cada seção.

| Cultura | Ciência | Economia | Mundo | Política |
| Saúde | Tecnologia | Viagem | Educação | Esportes |

Atividade 4

Os seguintes trechos correspondem ao primeiro parágrafo de uma notícia. Para cada um deles, dê um título cativante, conciso e claro. Siga o modelo.

A comunidade brasileira nos Estados Unidos é mais qualificada e está mais integrada que a média dos outros imigrantes no país, segundo um levantamento feito por dois pesquisadores brasileiros a partir de dados do governo americano.

Folha de S.Paulo

Título: "Brasileiro se integra aos EUA melhor que outros imigrantes, diz estudo"

1   A Audiência de Barcelona determinou que Lionel Messi terá de pagar 252 mil euros (aproximadamente R$ 948 mil) como multa em processo fiscal movido contra o jogador. O craque do Barcelona havia sido condenado a 21 meses de prisão.

Título: _____

Original: "Justiça oficializa troca de prisão por multa a Messi em processo fiscal"

2   O Facebook, o Twitter e o Snap iniciaram uma disputa milionária para obter o direito de disponibilizar on-line vídeos de destaque da Copa do Mundo de 2018, de acordo com a agência Bloomberg.

Título: _____

Original: "Redes sociais entram em disputa milionária por vídeos da Copa-2018"

3   Graduando em engenharia de computação pela USP de São Carlos, no interior de SP, é um dos responsáveis pela fundação da plataforma Somos Todos Heróis, site de financiamento coletivo que arrecada doações para crianças em tratamento médico.

Título: _____

Original: "Site de alunos da USP transforma crianças em tratamento em heróis"

3. O lide e o corpo da notícia

O primeiro parágrafo da notícia se chama lide (do inglês *lead*) e carrega o conteúdo mais denso da matéria, respondendo às perguntas: Quem?, O quê?, Quando?, Onde?,

• *94*

O texto jornalístico

Como?, e Por quê?. Esse recurso é usado para que as pessoas possam ter acesso fácil e rápido à informação e tenham a oportunidade de selecionar as matérias que realmente lhes interessam para prosseguir com a leitura. Geralmente o título da matéria se baseia no lide.

Há dois tipos básicos de lide: o noticioso, que responde às sete questões em torno de um fato, e o não-factual, que dispõe de outros recursos para chamar a atenção do leitor. As características principais do lide noticioso:

1 Sintetizar a notícia de modo tão eficaz que ao ler apenas o primeiro parágrafo o leitor se sinta informado.
2 Ser tão conciso quanto possível.
3 Redigir na ordem direta (sujeito, verbo e predicado).

O corpo da notícia segue o lide e estende uma ampliação mais detalhada dos acontecimentos mencionados. Após trazer as informações mais importantes no primeiro parágrafo, o corpo apresenta os outros acontecimentos, sempre em ordem decrescente de relevância.

Atividade 5

A partir dos dados abaixo, escreva um lide para cada notícia, como no modelo. Acrescente os detalhes que achar pertinentes para cativar o leitor. Não se esqueça de titular sua notícia.

O quê?: A morte
Quem?: Presidente eleito Tancredo Neves, 75 anos
Quando?: Ontem, às 22h23
Onde?: No Instituto do Coração em São Paulo
Como? Uma infecção generalizada.
Por quê? Ele não resistiu às várias intervenções cirúrgicas.

Tancredo Neves morreu antes de tomar posse

O presidente eleito Tancredo Neves morreu ontem, dia de Tiradentes, às 22h23, no Instituto do Coração em São Paulo, de uma infecção generalizada. O comunicado oficial foi feito pelo porta-voz da Presidência, Antônio Britto, às 22h29. A morte de Tancredo ocorreu após sua internação no hospital, onde os médicos fizeram várias intervenções cirúrgicas, que se revelaram ineficazes. Tancredo Neves tinha 75 anos.

Editado de *Manual da redação da Folha de S.Paulo*,
www1.folha.uol.com.br/folha/circulo/manual_producao_l.htm

1
O quê?: Descoberta de uma nova partícula subatômica contendo uma combinação de quarks
Quem?: 800 cientistas participaram da pesquisa

95 •

Manual prático de escrita em português/Developing Writing Skills in Portuguese

Quando?:	Quinta-feira
Onde?:	No Grande Colisor de Hádrons

2

O quê?:	Nascimento de Maria Antônia, com 2,885 quilos e 48 centímetros
Quem?:	Taís Araújo
Quando?:	Na manhã desta sexta-feira
Onde?:	Na maternidade Perinatal da Barra da Tijuca
Como?:	Por meio de cesariana

3

O quê?:	Vencedor da Bola de Ouro 2016
Quem?:	Cristiano Ronaldo
Quando?:	12 de dezembro
Onde?:	Paris, França
Como?:	Eleito pela revista France football
Por quê?:	Melhor jogador do mundo

4

O quê?:	Entrar em greve
Quem?:	Professores da Universidade do Estado do Rio de Janeiro
Quando?:	Dia 1º de agosto, começo das aulas do segundo semestre
Onde?:	Rio de Janeiro
Como?:	Decidiram em assembleia
Por quê?:	Salários atrasados

4. A linguagem da imprensa

A linguagem jornalística deve ser clara, simples, imparcial e objetiva, de modo a expor para o leitor as principais informações sobre o tema. Em relação à sua estrutura gramatical, geralmente o texto jornalístico apresenta frases curtas e ideias sucintas, favorecendo, assim, a objetividade.

Alguns preceitos a seguir:

Objetividade: a linguagem jornalística deve ser objetiva e evitar termos literários, como metáforas e linguagem conotativa, para impedir diferentes interpretações e possíveis dificuldades do leitor em compreender a informação transmitida.

Simplicidade: a linguagem jornalística deve optar por termos aceitos no registro formal da língua, respeitar as regras de gramática e evitar vocábulos eruditos ou obsoletos.

Imparcialidade: deve evitar expressões que revelam a posição de quem escreve a notícia a fim de o leitor poder formar sua própria opinião sobre aquilo que está expresso no jornal.

O texto jornalístico

Além disso, os textos jornalísticos tendem a usar a **voz passiva** por causa da necessidade de economizar espaço e para ocultar deliberadamente o agente da ação. Por exemplo:

Uma frase na voz ativa – sujeito agente:

Os serviços de inteligência dos EUA acusaram o presidente russo de ter ordenado ciberataques contra o Partido Democrata em favor do candidato republicano.

pode-se transformar em voz passiva analítica – sujeito paciente:

O presidente russo foi acusado (*pelos serviços de inteligência dos EUA*) de ter ordenado ciberataques contra o Partido Democrata em favor do candidato republicano.

ou em voz passiva sintética, utilizando o **se impessoal**:

Acusou-se o presidente russo de ter ordenado ciberataques contra o Partido Democrata em favor do candidato republicano.

Uma alternativa à voz passiva é o uso da **terceira pessoa do plural**:

Acusaram o presidente russo de ter ordenado ciberataques contra o Partido Democrata em favor do candidato republicano.

Atividade 6

6.a. Transforme cada oração abaixo da voz ativa na voz passiva analítica, fazendo as mudanças necessárias.

1 Sindicalistas invadiram o Congresso em protesto contra a proposta de reforma da Previdência.
2 A nutricionista produziu um chocolate branco com alto teor de substâncias antioxidantes.
3 Os fiscais da alfândega transferirão os refugiados para navios militares.
4 A Academia de Artes e Ciências Cinematográficas indicou o filme "O menino e o mundo" ao Oscar de melhor animação.
5 Agentes da Força Nacional expulsaram os torcedores após protestos contra o presidente.

6.b. Agora, reescreva suas orações, substituindo a voz passiva sintética.

1
2
3
4
5

Manual prático de escrita em português/Developing Writing Skills in Portuguese

5. Os gêneros jornalísticos

Na tabela abaixo aparecem alguns gêneros jornalísticos. Como foi explicado, o jornalismo procura de modo geral a objetividade da mensagem, sendo sua função principal informar o leitor. Contudo, também se encontram gêneros de opinião, ou gêneros mistos, que mostram um ponto de vista mais subjetivo sobre um tema concreto.

Gêneros jornalísticos informativos e interpretativos	Gêneros jornalísticos de opinião
A notícia. Ao redigir uma notícia se procura informar os leitores sobre um fato, um evento, uma ocorrência ou um tema da atualidade. A notícia sintetiza os elementos mais importantes da informação.	**O artigo de opinião/editorial.** O artigo de opinião visa convencer o destinatário a adotar o pensamento apresentado. Geralmente, escreve-se em primeira pessoa, porém pode surgir em terceira pessoa. Ao contrário do editorial, o autor assina o artigo de opinião.
A reportagem. Em comparação com a notícia, a reportagem caracteriza-se por ser mais elaborada, e seu conteúdo mais extenso e mais completo. Costumam-se consultar muitas fontes para relatar todos os lados de uma mesma história.	**Colunas e blogs.** Ambos têm o mesmo objetivo de opinar, informar, ilustrar, ganhar audiência e respeito. Enquanto a coluna, por existir só no impresso, tem menos flexibilidade de tamanho e periodicidade, o blog tem posts de qualquer dimensão e pode ser publicado a qualquer momento.
A entrevista. Este gênero consiste em apresentar de maneira direta o diálogo entre o jornalista e a pessoa entrevistada. O leitor forma sua própria opinião a partir das respostas do entrevistado.	**A resenha crítica.** Trata-se de um texto escrito em terceira pessoa que faz um julgamento a respeito de produtos de consumo cultural – livros, filmes, peças de teatro, etc. Expressa opinião sobre os aspectos positivos e negativos do objeto.

Atividade 7

7.a. A seguir aparecem dois textos sobre o mesmo evento. Leia com atenção as duas versões e responda às perguntas. Sublinhe a informação que lhe parece relevante e que diferencia um artigo do outro.

Texto 1:

Geddel divide cela com nove presos, corta cabelo e tem banho frio

Recém-chegado ao presídio da Papuda, no Distrito Federal, o ex-ministro Geddel Vieira Lima (PMDB-BA) divide cela com nove detentos. O peemedebista chegou à penitenciária nesta terça (4). Ele foi preso pela Polícia Federal na tarde de segunda (3) na Bahia e transferido na madrugada.

A Secretaria de Segurança Pública (SSP) do DF disse à reportagem que a capacidade da cela é para 12 pessoas, com quatro treliches. Segundo a SSP, há apenas chuveiro frio no local e um espaço para necessidades fisiológicas. O ex-ministro teve o cabelo cortado assim que chegou à Papuda, mas não ficou careca.

• 98

O texto jornalístico

Geddel está no mesmo presídio de Lucio Bolonha Funaro, pessoa que foi determinante para a decisão da Justiça de pedir a prisão do peemedebista. Preso desde julho do ano passado, Funaro é apontado pelas investigações como operador do ex-presidente da Câmara Eduardo Cunha.

Funaro disse à PF que Geddel fez diversas ligações para sua mulher, Raquel, sondando seu ânimo em delatar. No entendimento de investigadores, o ex-ministro agiu para atrapalhar a apuração, elemento decisivo para o pedido de prisão.

De acordo com a SSP, eles estão em alas separadas na Papuda. Geddel está na ala A e Funaro na ala B, no bloco 5. Segundo a assessoria de imprensa da SSP, eles não têm permissão de se encontrarem. Os dois têm direito a duas horas por dia de banho de sol, mas em momentos diferentes. Todos os detentos da cela de Geddel têm ensino superior, segundo a SSP. A SSP não soube informar quantas pessoas dividem a cela com Funaro.

Geddel deixou o governo Temer, de quem é amigo de longa data, sob acusação de pressionar o ex-ministro da Cultura Marcelo Calero (Cultura) para viabilizar um empreendimento na Bahia. Os apartamentos no prédio pivô da queda do baiano são avaliados em R$ 2,6 milhões, com vista para a Baía de Todos-os-Santos, em Salvador.

A defesa do peemedebista chamou a prisão do cliente de "absolutamente desnecessária" e disse que o político "deposita sua integridade física nas mãos da autoridade policial".

Editado de Camila Mattoso, *Folha de S.Paulo*

Texto 2:

Jacaré na jaula

Não durou três dias o alívio do governo com a libertação do deputado da mala. No sábado, o Planalto festejou a soltura de Rodrigo Rocha Loures. Na segunda, voltou a se assustar com outra prisão: a do ex-ministro Geddel Vieira Lima.

O peemedebista é um dos aliados mais próximos de Michel Temer. Os dois atuam em parceria desde a década de 90, quando viraram colegas na bancada do PMDB na Câmara. No ano passado, Geddel estava sem mandato e voltou a Brasília para ajudar a aprovar o impeachment. Foi recompensado com o posto de ministro da Secretaria de Governo.

O articulador caiu em novembro, acusado de usar o cargo para liberar a construção de um espigão em área tombada de Salvador. Na carta de demissão, descreveu Temer como um presidente "sério, ético e afável" e o chamou de "fraterno amigo".

Oito meses depois, essa fraternidade começará a ser posta à prova. Solto, Geddel já era visto como um delator em potencial. Preso, ficará mais perto de agravar os problemas do presidente. Ele é conhecido por ter pavio curto e falar demais – duas características apavorantes para quem depende do seu silêncio.

Na ordem de prisão, o juiz Vallisney de Souza Oliveira afirma que o ex-ministro tentava obstruir as investigações da Operação Cui Bono, que apura desvios na Caixa Econômica Federal. Ele atuava para evitar uma delação do doleiro Lúcio

Funaro, que o apelidou de "boca de jacaré" por causa da gula para fechar negócios.

Funaro afirmou à polícia que Geddel mordeu R$ 20 milhões em propinas da JBS. Parte do dinheiro teria ajudado a silenciar outro faminto, o ex-deputado Eduardo Cunha, preso em Curitiba. A história combina com o relato de Joesley Batista e deve reforçar uma nova denúncia contra Temer por obstrução da Justiça.

O Planalto teme uma delação do ex-ministro desde janeiro, quando a PF fez buscas na sua casa. Recolhido à jaula, o jacaré terá mais motivos para afiar os dentes.

Bernardo Mello Franco, *Folha de S.Paulo*

7.b. Comente os dois títulos.

7.c. Analise o corpo das duas matérias. Como começam? Você observa alguma diferença em como se relatam os fatos?

7.d. Identifique o gênero jornalístico de cada texto, justificando sua resposta.

6. Gêneros de caráter objetivo: a reportagem e a entrevista

A reportagem e a entrevista representam, depois da notícia, os dois gêneros mais comuns de um jornal. De modo geral, são mais extensos e analisam um tema concreto em profundidade.

A reportagem, comumente, parte precisamente de uma notícia que o chefe de redação quer ver desenvolvida. Assim, o jornalista consulta várias fontes, já que é preciso ouvir e relatar todos os lados de uma mesma história, e inclui falas de personagens ligadas ao assunto focado. Por vezes, a reportagem possui o caráter de denúncia de algo que importa corrigir, como, por exemplo, o mau estado de uma escola, uma situação de marginalidade social ou de agressão ao meio ambiente.

A entrevista, por outro lado, é um gênero em que se podem ler as perguntas formuladas pelo jornalista e as respostas da pessoa entrevistada. Como a reportagem, a entrevista contribui para o propósito informativo do texto jornalístico, embora o jornalista às vezes possa deixar entrever seu ponto de vista sobre o tema em questão. Os lides que se utilizam nas entrevistas são similares aos de uma notícia.

Atividade 8

Leia a seguinte reportagem que se refere à divulgação da literatura brasileira no exterior e responda às perguntas abaixo.

Reportagem: Literatura brasileira for export

No mundo dos negócios editoriais, atualmente, o Brasil circula pela área VIP: foi o país homenageado este ano na Feira do Livro de Bogotá, Colômbia; é o convidado de honra da edição 2013 da Feira de Frankfurt, Alemanha, a mais importante do setor; e será homenageado em 2014 na Feira do Livro Infantil de Bolonha, Itália.

• *100*

O texto jornalístico

Embora não faltem talentos brasileiros, clássicos e contemporâneos, e obras de qualidade, o interesse parece ser muito mais consequência do apelo que o país desperta pelo mundo afora nos últimos tempos do que genuína atração pela literatura nacional. Os escritores brasileiros continuam pouco conhecidos no exterior, com exceção de Paulo Coelho, traduzido para 69 idiomas e presente nos rankings dos mais vendidos de vários países.

Para aproveitar o lugar privilegiado nas vitrines e estantes que o mundo oferece ao Brasil, a Fundação Biblioteca Nacional (FBN) vem pondo em prática uma iniciativa mais consistente de divulgação, apoio logístico e ajuda financeira, destinada a ampliar o número e a variedade de títulos e autores nacionais publicados no exterior.

"O Brasil está em voga", diz Moema Salgado, coordenadora das ações internacionais da FBN. "Certamente os grandes eventos esportivos que acontecerão aqui contribuem, mas o que mais conta é a situação econômica do país e seu protagonismo na política e na economia internacional, além da exposição na mídia que tudo isso provoca. Aproveitando esse cenário, o governo decidiu fazer um esforço maior para a produção literária brasileira se tornar mais conhecida internacionalmente", explica a coordenadora.

O primeiro esforço a ganhar corpo nesse sentido é a repaginação do Programa de Apoio à Tradução e Publicação de Autores Brasileiros no Exterior, existente desde 1991. Até agora, tudo o que o programa fez parece um prólogo se comparado ao ritmo que o enredo começa a tomar. Até 2020, a iniciativa deverá receber um investimento de R$ 12 milhões, dez vezes mais do que teve nos dez anos anteriores. Mas, segundo Moema, esse tempo não foi em vão; serviu para estabelecer um diálogo entre o governo e o mercado, o que permitiu chegar ao formato atual.

De 1991 a 2010, 275 títulos receberam bolsa do programa. De 2011 para cá, com o aumento do empenho de divulgação e da verba destinada à ampliação da difusão de autores brasileiros, 37 pedidos foram aprovados. Só no primeiro trimestre deste ano outros 50 pedidos foram aprovados e mais 50 aguardam documentação para serem avaliados na próxima rodada, que acontecerá até três meses após a inscrição. Na prática, o sistema funciona a partir do interesse privado de uma editora estrangeira: a empresa que quer lançar um título brasileiro solicita ao governo subsídio para a tradução. A iniciativa e a escolha do autor partem da editora, não do governo.

Todas as propostas são avaliadas pelo Conselho Interdisciplinar de Pesquisa e Editoração, da FBN, que pode solicitar apoio de consultores externos. Não existe um limite de solicitação por editora, tampouco restrição quanto a autores ou títulos. O valor da bolsa é calculado em função do tamanho e complexidade da obra e de custos locais de tradução, podendo ir de US$ 2 mil a US$ 8 mil, para obras inéditas. É possível, também, fazer uma requisição para reeditar obras esgotadas há mais de três anos, que podem contar com uma bolsa de US$ 1 mil a US$ 4 mil.

As bolsas se propõem a cobrir de 50% a 80% dos custos de tradução, exclusivamente. Gastos de impressão, distribuição e marketing não são contemplados pelo programa. Apesar disso, ao assinar o acordo para receber essa assistência do governo brasileiro, a empresa beneficiada se compromete a entregar relatórios

Manual prático de escrita em português/Developing Writing Skills in Portuguese

sobre todas as etapas do processo, como forma de demonstrar que a verba investida fará chegar ao mercado os livros traduzidos de autores brasileiros e não está somente alimentando dados estatísticos.

Na Alemanha, que possui uma das tarifas de tradução mais altas do mundo, as editoras agradecem. "Acredito realmente que programas como esse são essenciais para promover a literatura de um país, principalmente da chamada *high culture*", afirma Sabine Baumann, diretora editorial da Scöffling & Co., que deve lançar todos os trabalhos de Clarice Lispector e pretende criar em breve uma coletânea de autores brasileiros da nova geração. Segundo a executiva, os custos de produção são pesados e o sucesso comercial da literatura é limitado pelas suas proporções físicas e populacionais, mas o interesse da mídia especializada e do público leitor é grande.

Nessa tentativa de reescrever a forma como a literatura do Brasil é conhecida lá fora, as traduções de escritores brasileiros – sejam contemporâneos ou clássicos – em países periféricos são tão importantes quanto as realizadas em polos econômicos e culturais, como França, Espanha, Reino Unido, Itália e Alemanha. "Queremos ampliar os autores e os títulos traduzidos pelo mundo afora, assim como a gama de países onde eles são publicados. Na Feira do Livro de Frankfurt do próximo ano queremos apresentar pelo menos 200 obras que receberam o suporte do programa", afirma Moema.

O novo capítulo governamental da literatura brasileira prevê mais ações paralelas ao subsídio às traduções. A FBN planeja financiar também intercâmbio de tradutores e estadia de autores brasileiros no exterior, assim como reforçar sua participação em feiras.

Para cuidar da qualidade dos textos – nas mais diversas línguas -, está sendo instalado também o Colégio de Tradutores, que será responsável por administrar bolsas para tradutores estrangeiros vivenciarem a língua. O objetivo é alocar os profissionais em cidades históricas, de acordo com o interesse de suas pesquisas, para terem contato com a cultura local e reciclarem os conhecimentos que têm do português do Brasil. "Nesse processo, é fundamental ter bons tradutores. Mas, para isso, é preciso dar corpo a uma nova geração de profissionais dedicados à língua portuguesa falada aqui", adianta Moema.

Todo esforço em fazer a produção cultural brasileira conhecida no exterior talvez possa reverter a imagem estereotipada do país do futebol, das belas paisagens naturais e da nudez carnavalesca. Em longo prazo, pesquisadores e tradutores sonham com ações mais decisivas, tais como o financiamento de cátedras em universidades do exterior, convites para editores estrangeiros visitarem o Brasil e a criação do Instituto Machado de Assis, à semelhança do Instituto Camões, português, e do Instituto Cervantes, espanhol.

Adaptado de "Literatura brasileira for export", *Planeta*
www.revistaplaneta.com.br

1   Em qual secção você poderia encontrar esta reportagem?
2   Como você explicaria "o apelo que o país desperta pelo mundo afora nos últimos tempos"? Lembre-se, a reportagem data de 2012.
3   Descreva, em suas próprias palavras, o propósito da FBN.
4   Explique como o sistema de seleção funciona, usando suas próprias palavras.

• *102*

O texto jornalístico

5   Identifique as ações adicionais que serão implementadas pela FBN para aumentar o conhecimento de autores brasileiros no exterior.

6   Na sua opinião, por que é preciso reverter a imagem estereotipada do Brasil?

Atividade 9

9.a. O seguinte texto corresponde a uma entrevista à qual faltam as perguntas. Leia as respostas do escritor José Luiz Passos e reescreva as perguntas no lugar apropriado.

Entrevista com José Luiz Passos

A – Como se conjugam – ou se tensionam – a escrita literária, a atividade docente e crítica?

B – Tem algo que você considera essencial dizer aos estudantes de Letras hoje? Aos estudantes da Uerj?

C – Como é se pensar um escritor brasileiro que vive há mais de 20 anos nos EUA? Em que medida você se sente também um escritor americano? A questão da identidade na literatura ainda se coloca hoje?

D – Quando leio esse romance, tenho a impressão de que você trabalhou com uma montagem: escreveu duas histórias e depois produziu uma montagem que fez dialogar uma com a outra. E que são mais que duas histórias (a de Floriano e daquele Brasil + a de Dilma e desse Brasil) também a de migrantes pobres, de famílias influentes de ontem e de hoje. Foi mesmo uma montagem? Como foi o processo de escrita desse romance?

E – Como forma de apresentá-lo aos alunos do curso de Letras da Uerj, e agora aos leitores da Revista Z Cultural, pedimos que nos conte um pouco de sua carreira literária: quando começou, como, se algo especial motivou sua escrita.

F – Como o seu trabalho é influenciado ou não pela outra língua?

G – A literatura brasileira ocupa algum lugar, tem alguma relevância nos EUA hoje? Que literatura interessa por lá?

Nascido em Catende, Pernambuco, em 1971, José Luiz Passos publicou, em 2009, seu primeiro romance, *Nosso grão mais fino*. Com *O sonâmbulo amador*, de 2012, foi vencedor do Prêmio Brasil Telecom de 2013. Vivendo atualmente nos Estados Unidos, onde é professor na Universidade da Califórnia, em Los Angeles, veio ao Brasil em novembro de 2016 para lançar seu mais recente romance, *O marechal de costas*.

P1	E – Como forma de apresentá-lo aos alunos do curso de Letras da Uerj, e agora aos leitores da *Revista Z Cultural*, pedimos que nos conte um pouco de sua carreira literária: quando começou, como, se algo especial motivou sua escrita.
R	Comecei a escrever quando cursava Sociologia na UFPE. Eram, em geral, crônicas e, em menor medida, poemas e contos para as revistas universitárias editadas pelos estudantes. Sempre adorei livros. Lia pouca ficção; lia muita filosofia e história da ciência. Comecei um mestrado em Sociologia na Unicamp e, lá em São Paulo, surgiu uma vontade maior de escrever ficção. Mas foi a partida para Los Angeles, onde fiz o doutorado, que me levou a pensar mais seriamente em tentar escrever um romance. E me parecia óbvio que o romance deveria ser sobre Pernambuco, sobre a nostalgia; uma saga sobre a morte de linhagens familiares.

Manual prático de escrita em português/Developing Writing Skills in Portuguese

P2

R   No início, era um problema. Escrevia com medo ou com vergonha, à noite, nos fins de semana, escondido dos meus colegas, dos professores e alunos da universidade onde ensinava. Tive uma depressão, e isso me ajudou bastante. Ficou claro que precisava seguir escrevendo textos que não seriam publicados em revistas acadêmicas. A principal arena de disputa é o tempo. Outro desafio é não deixar que as convicções do *scholar* e as teorias do professor colonizem a escrita. É preciso ter a coragem de abandonar as ideias corretas, convicções bonitas ou plenamente inteligíveis e mergulhar num poço onde estão situações e pessoas que ainda não conhecemos. E nisto há grande risco.

P3

R   Montagem é a palavra certa. Quis montar um painel, a partir de leituras, vozes, impressões e opiniões desencontradas, presentes nos dois momentos. A primeira ideia para o romance surgiu de um conto chamado "Marinheiro só", publicado na revista *Granta* n.13, dedicada ao tema da traição. Ali exploro a história da execução de um marinheiro mulato, pernambucano, à época da Revolta da Armada, no Rio, em 1894. Um dos personagens secundários é Floriano. Meu editor gostou e perguntou se eu não pensava em escrever uma narrativa maior, sobre o período. Eu disse que não. Mas as coisas começaram a acontecer. De 2013 a 2015, a política ocupou o noticiário e a minha imaginação. Eu já havia escrito outro conto, sobre uma cozinheira que passa por dilema trabalhista nos dias de hoje. A ideia de juntar as duas narrativas foi ganhando força e me dediquei a *O marechal de costas*.

P4

R   Acho que a questão da identidade se coloca de diferentes maneiras, para diferentes autores, a depender de como cada qual decide dar um sentido ou falar de sua obra. No início foi difícil. Mas, hoje, acho útil a distância que me separa do meu lugar de origem; pelo menos, no que diz respeito à escrita. Pessoalmente, me defino como um autor que escreve em português e reside na Califórnia. Por incrível que pareça, a ideia de Pernambuco ou da Califórnia é para mim mais palpável e inteligível do que a de Brasil ou Estados Unidos. O que me separa, aqui, como autor, é o fato de que escrevo numa língua estrangeira e publico fora do país onde resido.

P5

R   Sinto grande influência do inglês e da literatura que leio em língua inglesa. William Faulkner foi fundamental para a escrita de *Nosso grão*. A dicção de Jurandir é baseada na do narrador-mordomo de Kazuo Ishiguro, em *Vestígios do dia* (*Remains of the Day*). Além disso, creio que a parcimônia com relação às gírias e expressões do momento; a frase mais articulada, menos oral; o uso ostensivo do pronome sujeito são, talvez, sintomas de uma longa convivência com a língua inglesa. Mas pode ser que não; que isso tudo seja apenas um traço estilístico que sempre me acompanhou. Seja como for, acho relevante o fato de serem de língua inglesa mais da metade dos livros que leio por puro prazer, no meu tempo livre.

P6

R   Ela se restringe quase que exclusivamente ao âmbito universitário, com poucas exceções. O lançamento dos contos completos de Clarice Lispector, traduzidos por Katrina Dodson, que foi minha orientanda de PhD em Berkeley, é um exemplo disso. O projeto de tradução de Clarice, editado por Benjamin Moser e publicado em Nova Iorque pela New Directions, é verdadeiramente excelente, mas não põe a literatura brasileira necessariamente nas prateleiras das livrarias e nas listas dos mais vendidos ou dos prêmios. A música e o audiovisual brasileiro são mais consumidos do que a literatura. E da literatura se espera que ela aborde temas e tipos semelhantes a essas mídias.

• *104*

O texto jornalístico

P7

R   Infelizmente, as Letras vivem um momento de desprestígio institucional e sociocultural. Tenho a impressão de que a crise nas Humanidades, vivida aqui nos Estados Unidos, também se faz presente no Brasil e em Portugal. É importante lembrar a todos que o entendimento e a representação de situações humanas complexas, em toda sua minúcia e contradições, é tarefa da imaginação literária. O letramento literário e a garantia de expressão artística são direitos fundamentais nos campos da educação e da liberdade de expressão. O estudante de Letras vive hoje um período de transição potencialmente rico para a literatura: o surgimento de novas mídias e gêneros, a plataforma digital, o estoque verbal da internet, a circulação global de histórias as mais diversas; isso tudo me anima. Mas também é fundamental que os alunos e os profissionais de Letras resistam ao encantamento da validação fácil, que acompanha a troca apressada de opiniões nas mídias sociais, por exemplo. A literatura oferece uma gama variada de experiências com o tempo, e, entre elas, uma relação marcada pela pausa e pela verticalidade no trato das coisas humanas. Esse tempo de espera e condensação é uma forma de resistência. A imaginação literária é, por definição, uma recusa a satisfazer-se com o que está dado. A todos os alunos, e em particular aos da Uerj – que em tempo recente anda tão ameaçada por desmandos políticos –, faço votos de que sigam lendo e escrevendo com um justo sentido de urgência, como se disso mesmo dependesse o sol de amanhã.

Editado de Ieda Magri, "Entrevista com José Luiz Passos", Revista Z Cultural

9.b. Leia de novo o texto completo e responda às perguntas. As respostas de algumas delas aparecem na entrevista, mas para outras você terá que ampliar sua resposta com sua interpretação.

1   Quais são os desafios que o professor-escritor enfrenta?
2   Quais são os direitos fundamentais nos campos da educação e da liberdade de expressão?
3   Qual é a função da imaginação literária?
4   O que o autor quer dizer com "o encantamento fácil" e por que a literatura será um antídoto?
5   Quais são os temas abordados na música e no audiovisual brasileiro que não se encontram na literatura?
6   Quais são os pontos de convergência entre a reportagem "Literatura brasileira for export" e a entrevista com José Luiz Passos?
7   Se José Luiz Passos escrevesse em inglês e publicasse nos EUA, ele seria considerado um escritor americano?
8   Como você explica a falta de interesse de literatura em tradução nos EUA? Quais livros você já leu em tradução?

7. Gêneros de caráter subjetivo: a resenha crítica e o blog

A resenha crítica, além de resumir o objeto cultural (livro, filme, exposição, disco, etc.), faz uma avaliação sobre ele, mostrando ao leitor suas principais características, sejam

Manual prático de escrita em português/Developing Writing Skills in Portuguese

elas positivas ou negativas. A postura crítica deve estar presente desde a primeira linha, resultando em um texto no qual o resumo e a análise do resenhista se interpenetram. A resenha crítica deve ir direto ao ponto, misturando descrição com crítica direta, sem usar expressões como "Eu gostei" ou "Eu não gostei".

O blog, uma das ferramentas de comunicação interativas mais populares da internet, era inicialmente apenas um diário íntimo que se tornou um suporte para diversos gêneros de discurso, dentre os quais se destaca o jornalístico. As características textuais no blog jornalístico variam conforme o estilo do autor do blog, ou seja, o blogueiro, e são mais livres em relação a outras categorias de jornalismo. Existem blogs inteiramente produzidos por um único blogueiro; outros, porém, ganham dimensão por receber a contribuição de posts feitos por vários autores, enquanto outros se produzem de forma anônima.

Atividade 10

10.a. Leia a seguinte resenha crítica de um romance e coloque os substantivos, os adjetivos e os verbos da tabela no lugar correto. Não se esqueça de fazer a concordância com cada elemento.

Substantivos	Adjetivos	Verbos
Modéstia	pernambucano	repetir
processo	turrão	abordar
trecho	político	descrever
personagem	atual	apunhalar
cozinheira	falastrão	narrar
recado	óbvio	sugerir
cidadão	singelo	criar
cena	taxativo	sustentar
jeito		

Livro de José Luiz Passos aborda política, passado e presente

Com maestria, autor pernambucano mergulha nas conexões entre História e atualidade

Seria possível _____ *O Marechal de Costas* (Alfaguara), o novo romance do escritor José Luiz Passos, como uma narrativa da vida de Floriano Peixoto. É possível tomá-lo como a história de como a vida do ex-presidente se conecta com a de uma possível bisneta nos tempos _____, uma _____ no Brasil das manifestações de 2013 e do impeachment de Dilma Rousseff. Pela temática, poderia ser também um romance _____, um ensaio disfarçado com maestria de ficção.

Existe tudo isso na nova obra de José Luiz, mas ela é feita de um material ainda mais sutil: é composta da _____ impressão de que a história não só tem elementos que se _____, mas que se transformam através da relação entre passado e presente. Não é um tema gratuito, afinal, o romance anterior do autor _____,

• *106*

O texto jornalístico

O Sonâmbulo Amador, trata sonhos e memória como parte de um _____ de novo entendimento de si mesmo. Aqui, a memória tem sua dimensão coletiva e íntima, a História, como uma espécie de personagem oculto.

Como o título _____, a obra aborda a vida de Floriano, um personagem desde o início fascinante para José Luiz em sua obsessão por Napoleão, em seu _____ calado, no amor pela meia-irmã, na sua solidão _____ e quase poética e no fato, por exemplo, de ter tido mais votos do que Deodoro na eleição indireta para a vice-presidência. Mas os dados biográficos não são suficientes para _____ uma narrativa: afinal, diz um _____ do livro, "toda biografia é como adivinhar pelas costas o rosto de alguém".

Ao mesmo tempo, uma cozinheira _____, em primeira pessoa, _____ políticas dos tempos atuais: os protestos pela diminuição da passagem em 2013, os discursos de Dilma Rousseff. Em um jantar, um professor _____ conversa com seus patrões e, também, com ela, cheio de condescendência e encantado com a possibilidade de estar diante de uma bisneta de Floriano. O que ele vai dizendo, com uma falsa _____ que lembra a pior das petulâncias, são fragmentos das muitas teorias – furadas ou não – sobre a razão da nossa crise política.

O incrível no romance é que José Luiz consegue _____ a república brasileira através desses dois recortes sem ser _____ ou irresponsável. Seu _____, não por acaso, é o vice-presidente que terminou assumindo o posto (mesmo que a lei o obrigasse a convocar novas eleições) e governou o Brasil "à bala". "Quem quer que seja vice, aspira ser Floriano", diz o personagem do professor, como um _____ ao presente.

Sem conclusões _____ ou partidarismo, o autor pernambucano _____ um romance sobre a política ainda mais impressionante por ir além dela. Sua prosa, mais fluida, ainda que com a mesma qualidade de *O Sonâmbulo Amador*, sugere que "a gênese do passado está no presente, não o contrário", citando Rousseau. Não é um romance de respostas, mas a sensação é que vivemos ainda num País, como pensa a cozinheira, que ainda _____ seus _____ e esperanças.

Editado de Diogo Guedes, *Jornal do Commercio*

10.b. Nas resenhas críticas de um jornal pode-se utilizar uma linguagem especializada. Por exemplo, um sinônimo para referir-se ao cinema é "a sétima arte". Classifique as seguintes palavras de acordo com a categoria à qual pertencem. Desta forma, você obterá mais vocabulário relacionado ao mundo do cinema.

a sala • o cartaz • a trama • a câmara • a publicidade • o longa-metragem • o elenco • o trailer • o roteirista • a plateia • a sinopse • o aplauso • o figurino e a maquilhagem • a bilheteria • a estrela • o sucesso da bilheteria • a cinematografia • a arrecadação • a tela • os efeitos especiais • o cineasta • a trilha sonora • a estreia • o público

107 •

Manual prático de escrita em português/Developing Writing Skills in Portuguese

Diretores e atores (6 palavras)	Filme (6 palavras)	Distribuição (6 palavras)	Espectador (6 palavras)
o papel	o roteiro	o festival	a entrada

10.c. A introdução de uma resenha deve ser informativa, clara e cativante. Há várias possibilidades para a abertura do texto: o contexto histórico, uma anedota, uma frase surpreendente ou intrigante, uma afirmação categórica, etc. Leia as introduções das seguintes resenhas críticas e responda às perguntas. Comente, também, se o resenhista revela uma avaliação positiva ou negativa.

Em seu terceiro longa de ficção, Diego Martínez Vignatti – diretor e roteirista argentino radicado na Bélgica – aborda uma importante questão atual: o uso indiscriminado de agrotóxicos.

"Resenha de A terra vermelha", de Alexandre Agabiti Fernandez, *Folha de S.Paulo*

Em "A Autópsia", terceiro longa-metragem de André Øvredal, o cotidiano de Tommy (Brian Cox) e de seu filho Austin (Emile Hirsch) é o inverso do sonho habitual das pessoas. Como médicos legistas, eles passam dias e noites abrindo e examinando defuntos levados por policiais, numa espécie de bunker construído no subsolo da casa onde moram.

"Resenha de A autópsia", de Sérgio Alpendre, *Folha de S.Paulo*

Para um filme que pretende apresentar um personagem a um público amplo, "O Jardim das Aflições" talvez sofra de um problema estrutural: são precisos ao menos 60 minutos para que comecemos a saber quem é, afinal, Olavo de Carvalho.

"Resenha de Danado de bom", de Inácio Araújo, *Folha de S.Paulo*

O espectador deixa uma sessão do documentário "Danado de Bom" provavelmente surpreso com a capacidade da música brasileira de ser às vezes muito simples e mesmo assim encantadora.

"Resenha de Danado de bom", de Thales de Menezes, *Folha de S.Paulo*

Um herói improvável assume as cordas de "Rock Dog – No Faro do Sucesso". Com seu gorro verde enterrado na cabeça e uma guitarra de brinquedo nas costas, o avoado Bodi é o protagonista dessa nova animação, inspirada numa novela gráfica chinesa.

"Resenha de Rock dog – No faro do sucesso", de Marina Galeano, *Folha de S.Paulo*

• 108

O texto jornalístico

Uma das maiores estreias da semana, "Amor.com" não sai ferido se for resumido em um parágrafo.

"Resenha de Amor.com", de Chico Felitti,
Folha de S.Paulo

Certos filmes, por sua ambição narrativa, funcionam melhor na forma escrita do que depois de prontos. "Faces de uma Mulher" é um desses casos em que o roteiro sugere muitas possibilidades, mas o que se vê na tela parece inacabado e mal resolvido.

"Resenha de Faces de uma mulher", de Cássio Starling Carlos,
Folha de S.Paulo

Nada se cria, tudo se copia. O ditado é levado à risca em "Inseparáveis", filme dirigido pelo argentino Marcos Carnevale inspirado no sucesso francês "Intocáveis" (2011).

"Resenha de Inseparáveis", de Marina Galeano,
Folha de S.Paulo

1   Qual introdução aponta para um filme de suspense ou terror?
2   Qual sugere que o filme poderia superar as expectativas da plateia?
3   Qual revela logo de que se trata?
4   Uma introdução começa por um adágio que é uma adaptação do princípio da conservação da matéria, "Nada na natureza se cria, nada se perde, tudo se transforma". Explique a diferença das duas versões.
5   Como explicar a concisão na introdução mais curta?
6   Qual delas indica que houve uma falha na hora de realizar a obra?
7   Explique o trocadilho que se encontra na resenha sobre o filme animado.
8   Qual capturou mais a sua atenção? Por quê? Entre no site da *Folha de S.Paulo* para ler a íntegra da resenha crítica que você escolheu.

10.d. Escreva uma resenha crítica, com cerca de 500 palavras, de um fato cultural da sua escolha. Pense na linguagem especializada a sua disposição; elabore uma introdução que capte a atenção do leitor; procure apresentar elementos de pura descrição com elementos de crítica direta; e evite formas verbais da primeira pessoa.

Atividade 11

11.a. Ligue o título do blog com seu conteúdo.

Título do blog	Conteúdo
1 Enfim Sós	A Os regimes da moda na balança
2 Preta, preto, pretinhos	B O mundo dos sons por meio da leitura

Manual prático de escrita em português/Developing Writing Skills in Portuguese

Título do blog	Conteúdo
3 A Chata das Dietas	C Para além dos bigodes, miados e ronronados =^.^=
4 Close	D Inspirações, dicas e tendências sobre casamentos e vida a dois <3
5 Sem Legenda	E De onde viemos, onde estamos e para onde vamos
6 #AgoraÉQueSãoElas	F Um olhar brasileiro sobre Portugal
7 Mensageiro Sideral	G Novidades da comunidade negra no Brasil e no mundo
8 Ora Pois	H O mundo gay visto de perto
9 Música em Letras	I Um espaço para mulheres em movimento
10 Gatices	J Notícias sobre cinema

11.b. Os posts podem ser: informativos, com mensagens que permitam conhecer os fatos da maneira mais objetiva possível; interpretativos, cuja principal característica é a contextualização dos fatos, excluindo juízos de valor; ou opinativos, apresentando opinião, argumentos e juízos explicitamente. Para cada um dos seguintes posts, determine se são informativos, interpretativos ou opinativos e depois identifique em qual dos 10 blogs jornalísticos acima eles poderiam ser encontrados.

Texto 1:

Na academia, é comum a ausência de mulheres falando em mesas de debates, palestras, congressos científicos. Comum, mas longe de ser normal, é um indicativo das enormes barreiras impostas às mulheres que buscam ocupar espaços de poder.

Sem dúvida, mulheres ocupam cargos em escritórios de advocacia e empresas, são juízas, promotoras, defensoras, delegadas. Mas os cargos de direção continuam ocupados por homens e é muito mais difícil para as mulheres acessá-los, independentemente da qualificação, da experiência, do brilhantismo. Na advocacia privada, apesar de oito dos nove maiores escritórios do Brasil possuírem mais mulheres em início e meio de carreira, a posição de sócia só é ocupada, na média, por 30% delas.

Trecho de Angela Donaggio, Catarina Barbieri, Eloísa Machado, Luciana Ramos, Marta Machado, *Folha de S.Paulo*, 24/05/2017

Texto 2:

Este domingo amanheceu sem Alôca. Uma ação da prefeitura, afirmando que a casa não respeitava leis de silêncio urbano, emparedou as portas do sobrado na rua Frei Caneca onde funcionou a mais tradicional balada gay de São Paulo. Mais do que uma boate, Alôca, que durou mais de duas décadas ali, foi um reduto de resistência, um dos espaços mais democráticos da noite paulistana e palco de ativismo político, aventuras sexuais e muita música.

Todo gay paulistano ou que já esteve em São Paulo suou, dançou e talvez transou lá dentro, entre paredes de fibra de vidro que simulam uma caverna. Joia encardida do centro, Alôca teve seus altos e baixos e parece agora encerrar sua história por decisão do poder público. Desde que André Pomba, mítico DJ que comandava as noites de domingo do clube, deixou de tocar por ali, a casa parecia estar entrando em decadência, mas não deixa de perder seu simbolismo.

Trecho de Pedro Diniz, *Folha de S.Paulo*

• *110*

O texto jornalístico

Texto 3:

Em uma busca despretensiosa por imóveis no centro histórico de Lisboa, um casal de brasileiros encontrou um pra lá de especial: um apartamento onde Fernando Pessoa viveu na juventude, em 1905 e 1906.

"Sem muito destaque, no meio do anúncio, havia a informação de que naquele apartamento havia morado Fernando Pessoa. Fiquei impressionada e muito curiosa, mas isso não interferiu na negociação. O apartamento não custou nem um centavo a mais por ele ter vivido ali", conta Maria Penido, proprietária de uma empresa que auxilia estrangeiros de mudança para Portugal.

Ela e o marido, o publicitário Ricardo Braga, já estavam em busca de um imóvel para investir no segmento de aluguéis por temporada para turistas. Com a descoberta do ilustre morador, Ricardo logo se animou em fazer algo dedicado à obra do poeta.

Trecho de Giuliana Miranda, *Folha de S.Paulo*

Texto 4:

Há vários séculos sabemos que o Sol passa por misteriosos períodos alternados de aumento e redução de atividade, acompanhados pela inversão de seus polos magnéticos, a cada 11 anos. Agora, um grupo internacional de pesquisadores com participação brasileira parece ter descoberto por quê.

O artigo está publicado na edição desta semana do periódico "Science" e confirma algo que (só aparentemente) é óbvio: o Sol é mesmo uma estrela de tipo solar.

Calma, explica-se. De uns dez anos para cá, baseando-se justamente no padrão cíclico solar, surgiu entre os cientistas uma desconfiança de que o Sol poderia ser uma estrela com comportamento atípico, se comparada a astros com composição e massa similares.

O novo trabalho desfaz essa impressão. Por meio de uma simulação rodada em supercomputador, o grupo liderado por Antoine Strugarek, da Universidade de Montreal, no Canadá, "recriou" o Sol em laboratório, e confrontou o modelo com dados observacionais e com padrões vistos em outras estrelas.

Trecho de Salvador Nogueira, *Folha de S.Paulo*

Texto 5:

Praticar exercício em jejum é um hábito popular entre fisiculturistas e ratos de academia, que usam o método para potencializar a queima de gordura. Agora, um estudo britânico mostrou que eles podem estar certos – e reacendeu o debate entre comer ou não antes de treinar.

O trabalho, publicado no "American Journal of Physiology", é o primeiro a comparar os efeitos do exercício no tecido adiposo tanto em jejum quanto depois de se alimentar.

Os pesquisadores, da Universidade de Bath, estudaram um grupo de homens com sobrepeso. Primeiro, os voluntários caminharam por 60 minutos com o estômago vazio. Em outro dia, fizeram o exercício duas horas depois de tomar um café da manhã rico em carboidratos.

Trecho de Juliana Vines, *Folha de S.Paulo*

Texto 6:

Falar de empoderamento feminino é algo fundamental no meu trabalho. Nós, mulheres, exigimos respeito e direitos. Acredito na liberdade, na igualdade, no equilíbrio e na independência. Fui criada sob esse prisma. Estudar para conquistar de forma independente. Sempre me disseram: "Você pode ser o que você quiser. E como negra encontrará obstáculos e preconceitos, mas siga em frente sem olhar para trás". A mulher está em segundo plano no mundo e a mulher negra em terceiro. Só conheci mulheres fortes e inspiradoras: minha mãe, que é professora; minha tia socióloga e minha tia e madrinha muito culta e inteligentíssima, formada na faculdade de enfermagem. Todas as minhas primas são formadas e independentes. Então esses são os meus exemplos, minhas inspirações e minhas alegrias. Hoje discutimos os nossos problemas de jornada dupla, salário diferente para a mesma atividade, violência, assédio, violência doméstica e psicológica. E esse tipo de discussão e informação ajuda outras milhares de mulheres! Espero que a minha música "Fiu Fiu", grão de areia diante de tudo isso, faça diferença e provoque reflexões.

Trecho de Deniz Mota, *Folha de S.Paulo*

11.c. Siga os seguintes passos para criar seu próprio blog.

1   Escolha um assunto do seu interesse;
2   Defina se você irá utilizar uma hospedagem paga ou uma versão de blog gratuita;
3   Execute a criação através do local escolhido;
4   Defina um tema visual para o seu blog;
5   Comece a publicar conteúdos.

Capítulo 6
Os textos administrativos e a correspondência

Em que consiste?

O texto administrativo refere-se a vários documentos (cartas, memorandos, ofícios, e-mail, etc.) que se produzem como meio de comunicação entre o indivíduo e uma instituição, ou entre instituições, para garantir seu bom funcionamento. Eles visam informar, convocar ou solicitar e costumam adotar um formato determinado. O contínuo e rápido avanço tecnológico tem provocado intensas mudanças na organização e hábitos do cotidiano social e empresarial, por isso os textos administrativos também têm se alterado, sem perder as qualidades essenciais de um bom texto: coesão, clareza e concisão. O texto administrativo moderno prioriza a objetividade, o vocabulário simples e formal e as frases curtas. Observe, por exemplo, como mudaram certas orações fixas:

Antigamente	Modernamente
Vimos por meio desta comunicar-lhe	Comunicamos-lhe
Acusamos o recebimento	Recebemos
Levamos ao conhecimento	Informamos-lhe
Vimos com a presente, solicitar-lhe	Solicitamos-lhe
Subscrevemo-nos, mui respeitosamente	Respeitosamente
Temos imenso prazer em sugerir-lhe	Sugerimos-lhe
Chegamos à conclusão	Concluímos

1. A carta profissional

A linguagem e o tratamento utilizados na carta profissional variam em função da intimidade dos correspondentes, bem como do assunto tratado. Por isso, a linguagem correta na carta profissional é a adequada ao assunto tratado (mais formal ou mais informal), à situação em que está sendo produzida e à relação entre emissor e destinatário.

Manual prático de escrita em português/Developing Writing Skills in Portuguese

1 Estrutura

A carta profissional consta principalmente das seguintes partes:

a. Cabeçalho

- informações do remetente (nome, endereço, telefone e e-mail de contato).
- lugar e data.
- informações do destinatário (nome, endereço).
- saudação apropriada (veja a tabela abaixo).

Saudação	Função
Ilmo. Professor, Ilma. Professora, (*pronuncie: Ilustríssimo*)	Muito formal, o destinatário tem um título especial.
Prezado -a Senhor -a, Caro -a Senhor -a,	Formal, destinatário de nome desconhecido
Prezado(a) Senhor(a), Caro(a) Senhor(a),	Formal, destinatário de nome e gênero desconhecidos
Prezados Senhores, Caros Senhores,	Formal, endereçado a diversas pessoas ou a um departamento
A quem possa interessar,	Formal, nome e gênero do destinatário desconhecidos
Prezado Sr. Vítor Andrade, Caro Sr. Vítor Andrade, Prezada Srª. Ana Lima, Cara Srª. Ana Lima,	Formal, destinatário de nome conhecido
Prezado Vítor Andrade, Caro Vítor Andrade,	Menos formal, o remetente já realizou negócios com o destinatário anteriormente
Prezado Vítor, Caro Vítor,	Informal, o remetente é amigo pessoal ou colega de trabalho do destinatário

b. Introdução.
Deve indicar o propósito da carta, quer seja para solicitar informação sobre um trabalho, apresentar uma queixa ou solicitar informação. Pode-se aproveitar a introdução para fazer uma apresentação sua, caso o destinatário não o conheça.

Frase inicial	Função
Nós escrevemos a respeito de . . . Nós escrevemos em atenção à/ao . . .	Formal, escrevendo em nome de toda a empresa
A respeito de . . . Com referência a . . .	Formal, escrevendo a respeito de algo que você já viu sobre a empresa que está contatando
Escrevo-lhe para saber sobre . . .	Menos formal, escrevendo em seu nome, representando a empresa
Escrevo-lhe em nome de . . .	Formal, escrevendo em nome de outra pessoa
Sua empresa foi altamente recomendada por	Formal, maneira polida de introdução

- *114*

Os textos administrativos e a correspondência

c. Corpo. Deve-se incluir aí a informação relevante que apoie o propósito da carta. Certifique-se de que os seus comentários se estruturam de forma clara e concisa, evitando a informação desnecessária.

Frase inicial	Função
O(A) senhor(a) se importaria se . . .	Requerimento formal, tentativa
O(A) senhor(a) teria a gentileza de . . .	Requerimento formal, tentativa
Eu ficaria muito satisfeito se . . .	Requerimento formal, tentativa
Nós apreciaríamos se o senhor/a senhora pudesse nos enviar informações mais detalhadas sobre . . .	Requerimento formal, muito polido em nome da empresa
Eu ficaria agradecido se o/a senhor/a pudesse	Requerimento formal, muito polido
O senhor/A senhora poderia, por favor, enviar-me . . .	Requerimento formal, polido
Nós estamos interessados em obter/receber . . .	Requerimento formal, polido em nome da empresa
Nós ficaríamos agradecidos se . . .	Requerimento formal, polido, em nome da empresa
Nós estamos interessados em . . . e gostaríamos de saber . . .	Questionamento formal, direto
Nós analisamos sua proposta com atenção e . . .	Formal, que leva a uma decisão referente a um negócio
Lamentamos informar que . . .	Formal, rejeição ou demonstração de falta de interesse em uma oferta ou negócio

d. Parágrafo final. Comunique ao receptor o que espera dele. Por exemplo, o envio de informação, o estabelecimento de contato com você para uma entrevista ou um reembolso. Você pode fazer referência a futuros contatos se espera ver essa pessoa ou falar com ela numa data futura.

Frase inicial	Função
Caso precise de qualquer assistência extra, por favor entre em contato. Caso precise de mais informações, não hesite em me contatar.	Formal, muito polido
Desde já agradeço . . . (singular) Desde já agradecemos . . . (plural)	Formal, muito polido
Eu ficaria agradecido se o senhor/a senhora analisasse esta questão o mais rápido possível.	Formal, muito polido
Por favor, responda o mais rápido possível, pois . . .	Formal, polido
Espero que possamos trabalhar em parceria.	Formal, polido
Obrigado por sua ajuda com esta questão.	Formal, polido
Aguardo a oportunidade de discutirmos sobre isto.	Formal, direto
Por favor entre em contato comigo. Meu número de telefone direto é . . .	Formal, muito direto
Espero ter notícias suas em breve.	Menos formal, polido

Adaptado de pt.bab.la/frases/negócios/carta

Manual prático de escrita em português/Developing Writing Skills in Portuguese

e. Fecho. Escreva o fecho da carta usando as palavras "Com os melhores cumprimentos", "Saudações cordiais", "Cordialmente" ou "Atenciosamente".

Atividade 1

1.a. Leia a seguinte carta profissional e resuma em algumas linhas seu conteúdo.

Berkeley, 2 de agosto, 2017

Prezado Prof. Sebastião Macedo,

Meu nome é Ana Maria Mendes e sou representante do CELIP – Coletivo Estudantil de Língua Portuguesa, da UC Berkeley. No final de cada ano letivo, realizamos um ciclo de atividades que incluem leitura de poemas, performances artísticas, mostra de artes visuais e uma mesa-redonda. Este ano, nosso evento acontecerá no dia 11 de maio e terá como tema "Criatividade em Pesquisa". O propósito é estimular nossa comunidade a refletir sobre os possíveis cruzamentos entre a liberdade criativa e o rigor acadêmico, dialogando sobre invenção, inovação e interpretação da cultura em língua portuguesa. Temos já confirmadas a presença de alguns poetas e ativistas ligados ao campus, uma sessão do filme *Cabeça de Boi*, seguida de uma conversa com o diretor Gil de Ferreira, além da mostra fotográfica inédita de jovens pesquisadores da Universidade de Brasília sobre o audiovisual.

Temos muito interesse no seu trabalho como poeta dissidente no contexto da poesia brasileira contemporânea, e em como esse trabalho reflete suas pesquisas de campo e investigações sobre cultura literária em língua portuguesa. Com base nesse interesse, gostaríamos de convidá-lo para compor a mesa-redonda intitulada "Arquivo, Memória & Imaginação", junto com Vivaldo Carvalho (Departamento de Espanhol e Português), Francesca Costa-Pinto (Bancroft Library) e Romeu Alencar (Estudos de Performance). Cada apresentação terá aproximadamente 20–25 minutos, seguida de um debate de 20 minutos no final da sessão, prevista para acontecer entre às 14h e 16h30 no auditório do 370 Dwinelle Hall.

Uma das possibilidades seria o Prof. Sebastião apresentar uma comunicação em torno da transformação da escrita poética no curso do levantamento de obras primárias para suas pesquisas. Entretanto, estamos inteiramente abertos para qualquer outra sugestão que contemple a conjunção entre sua poesia e suas investigações em arquivos públicos. Será decerto um evento importante para nossa comunidade intelectual, e não temos dúvida de que a participação do Prof. Sebastião, cujo trabalho artístico e acadêmico nos interessa, adicionará particular prestígio ao programa.

Esperamos em breve ter notícias sobre sua disponibilidade para participar do nosso evento. Enquanto isso, colocamo-nos à disposição para fornecer mais detalhes ou responder a qualquer dúvida que acaso tenha acerca do nosso convite.

Com os nossos melhores cumprimentos,

Ana Maria Mendes,

Coordenadora de eventos, CELIP

UC Berkeley

1.b. Você é um membro do CELIP (veja a carta anterior) e está encarregado de escrever ao Professor Macedo uma carta de agradecimento pela sua participação no evento.

• *116*

Os textos administrativos e a correspondência

2. O currículo, ou CV

O currículo demonstra sua formação acadêmica e sua vida profissional. Trata-se de um texto breve que terá a função de convencer o empregador a chamá-lo para uma entrevista. É um documento que deve indicar suas qualidades e se adaptar à oferta de trabalho. Em geral, consiste das seguintes partes:

1 **Dados pessoais:** nome e sobrenome, endereço completo, telefone residencial e celular, e-mail. Antigamente, incluíam-se nacionalidade, estado civil e idade, porém as empresas contemporâneas já não exigem essas informações.
2 **Objetivo:** no início da vida profissional não é preciso ter um objetivo totalmente definido. O candidato pode apenas citar a área de interesse, por exemplo: Informática
3 **Formação acadêmica:** inclua os títulos acadêmicos (bacharel/a, mestre/a, doutor/a) com as datas de sua obtenção; os cursos realizados; o nome da universidade e lugar.
4 **Idiomas:** mencione os idiomas que conhece e o nível que possui (língua materna, nível avançado, médio, principiante).
5 **Informática:** por exemplo, Pacote Office.
6 **Experiência profissional:** detalham-se os nomes das empresas, os cargos que você desempenhou, as datas e descrições das atividades e realizações principais em cada cargo.
7 **Outros dados de interesse:** é um item no qual pode incluir trabalhos voluntários e outras atividades que tenham relação com o posto ao qual se aspira.

Existem três formas de organizar um currículo:

1 **Cronológico:** parte das metas mais recentes para as mais antigas, ou vice-versa. Suas principais **vantagens** são:

- ressalta a estabilidade e a evolução ascendente de suas experiências profissionais, os cargos ocupados e as principais tarefas executadas em cada emprego;
- é fácil de ler e entender, já que está bem estruturado.

Suas **desvantagens:**

- deixa visível qualquer período de inatividade ou várias mudanças de emprego, se for o caso.

2 **Funcional ou temático:** distribui a informação por temas. Suas principais **vantagens** são:

- permite selecionar os pontos positivos, destacar as habilidades próprias e os resultados conseguidos, mais que as circunstâncias concretas de trabalho;
- oferece mais flexibilidade e liberdade na organização da informação de conquistas e habilidades, além de facilitar a inclusão de outras informações relacionadas, como interesses ou motivações;
- pode ser interessante para utilizar com as novas tecnologias.

117 •

Suas **desvantagens:**

- não ressalta o nome das empresas em que já trabalhou, nem o tempo que esteve em cada lugar de trabalho;
- limita a descrição de cada cargo e suas responsabilidades.

3 Combinado ou misto: combina o cronológico e o temático. Suas principais **vantagens:**

- destaca de forma clara suas capacidades e conquistas, junto com a experiência e formação;
- permite flexibilidade e criatividade que auxiliam a não passar despercebido se o objetivo é apresentar-se a um cargo em concreto.

Suas **desvantagens:**

- não é um bom formato para apresentar nos lugares que pedem formulários standard, como por exemplo em uma página web;
- precisa-se de um currículo diferente para cada cargo ao qual queira se apresentar.

Atividade 2

2.a. Que tipo de currículo escreveria nos seguintes casos para procurar um trabalho? Justifique sua resposta.

1   Acaba de terminar seu curso:
2   Tem muita experiência profissional:
3   Mudou com muita frequência de trabalho:
4   Faz muito tempo que não trabalha:
5   Trabalhou em empresas muito importantes:

2.b. Leia o seguinte currículo e decida de que tipo é: cronológico, funcional ou combinado.

JOHN E. ELLIS
Rua Tucuna, 2243
Vila Pompéia, São Paulo, SP
CEP 05022–010 Brasil
(11) 9414–8941 (cel.)
john@alltranslation.com

OBJETIVO: Tradutor e intérprete

FORMAÇÃO

Tradução e Interpretação – Certificado Pleno, 2006
Associação Alumni
São Paulo, Brasil

Bacharelado em Literatura Comparada – Brasileira e Francesa, 2002
Macalester College
St. Paul, Minnesota, EUA

Os textos administrativos e a correspondência

IDIOMAS

Inglês – língua materna
Português – fluente
Francês – avançado
Espanhol – intermediário
Japonês – básico

RESUMO DAS QUALIFICAÇÕES

Tradução e interpretação das línguas portuguesa, francesa e espanhola para a inglesa. Experiência em assuntos como arte, literatura, ciências, economia, negócios e medicina, em textos tanto acadêmicos quanto coloquiais.

Ensino da Língua Inglesa por meio de métodos teóricos e práticos para explicar as regras e exceções da língua com foco nas práticas de conversação e memória.

HISTÓRICO PROFISSIONAL
Tradutor e Intérprete – Aki Translation, São Paulo, Brasil
Março de 2006 – Atual

Professor-Assistente – JET Programme, Prefeitura de Miyagi, Japão
Agosto de 2002 – Julho de 2004

INFORMÁTICA

Conhecimentos avançados de Word, Excel, Power Point, Lilt, Memo Q, Wordfast, SDL Trados.

2.c. Leia as regras para conseguir um bom currículo brasileiro. Se você já elaborou um CV, quais regras não seguiu? Há alguma diferença em relação às regras adotadas em seu país?

1 Seja objetivo, conciso e direto. Seu currículo pode ter no máximo duas folhas.
2 Utilize papel de cor branca ou de cores claras.
3 Escreva com uma fonte legível e com uma apresentação espaçada que facilite a leitura.
4 Não enfeite e não abuse das cores. Utilize palavras em negrito e destacadas para conseguir uma maior clareza.
5 Respeita as margens, deixe espaços entre os parágrafos e escreva somente de um lado da folha.
6 Cuide do estilo do currículo e evite erros ortográficos. Ressalte ao máximo sua habilidade verbal, utilize sinônimos e evite repetições excessivas.
7 Evite utilizar abreviações.
8 Seja honesto. Demonstre suas melhores habilidades, destaque suas conquistas e disfarce os fracassos, mas nunca invente.
9 Seja positivo. Não tem por que explicar fracassos ou demissões. Apresente o melhor de si mesmo, mas de forma breve, concreta e simples.
10 Lembre-se de que não é necessário incluir documentos ou títulos certificados, a não ser que solicitem.
11 Não indique todos os cursos ou seminários aos quais assistiu. Selecione os mais significativos.
12 Envie sempre originais e nunca fotocópias.

119 •

Manual prático de escrita em português/Developing Writing Skills in Portuguese

13 A fotografia tem que ser sempre recente e do tipo 3x4. Preferivelmente colorida.

Adaptado de http://fazercurriculum.com.br

2.d. Elabore seu currículo, de acordo com seu objetivo de trabalho.

3. A carta de apresentação

A carta de apresentação acompanha o currículo com a finalidade de apresentar-se como candidato a um posto de trabalho, justificar por que é o postulante ideal e destacar aqueles méritos de maior relevância e interesse. Mesmo que algumas empresas a dispensem, uma carta de apresentação direta, criativa e elaborada de maneira instigante pode ainda cativar um recrutador.

Consta das seguintes partes:

1 **Destinatário:** endereço ao qual se dirige.
2 **Saudação** (Ilmo./Ilma. Senhor/a e nome completo)
3 **Apresentação do candidato:** explique o objetivo da carta e as razões pelas quais lhe interessa o posto.
4 **Corpo:** é a parte mais extensa e na qual você tem a oportunidade de destacar aquilo que o torna valioso para a empresa. Você pode relatar os objetivos atingidos, os seus conhecimentos, a sua experiência, competências e capacidades úteis para o posto de trabalho.
5 **Fecho ou despedida:** escreva que você está anexando o currículo e que tem grande interesse em fazer um contato pessoal para detalhar suas qualificações. Coloque-se à disposição do destinatário.

Atividade 3

3.a. Leia as duas cartas de apresentação que aparecem abaixo e que respondem ao seguinte anúncio. Decida qual delas é a ideal para o posto oferecido. Justifique sua resposta.

ANÚNCIO DE ESTÁGIO
[2 vagas, currículo até 16/4]
Cursando humanas (jornalismo, artes e afins), interessado em fotografia, domínio de inglês e programas de edição de imagem.
A carga horária é de 30 horas semanais, de segunda a sexta-feira.

A área de educação formula e executa programas para as três unidades do Instituto Moreira Salles: Rio de Janeiro, Poços de Caldas e São Paulo. Suas atividades são dirigidas aos mais variados públicos, garantindo a sensibilização e o estímulo à experiência artística e estética, além de incentivar a capacidade crítica e o pensamento reflexivo sobre arte, cultura e memória, em especial sobre a imagem fotográfica.

Os currículos, em formato PDF, serão recebidos até o dia 26/6 pelo email fotografia@ims. com.br. Deverão constar no assunto do email a palavra "estágio" e o nome do candidato (exemplo: "estágio_JoséGomesDaSilva").

• 120

Os textos administrativos e a correspondência

Carta 1

Berkeley, 6 de abril de 2018

Instituto Moreira Salles
Avenida Paulista, 2439
Bela Vista, São Paulo – SP, 01311–936

Prezados Senhores,

É com entusiasmo que me candidato à vaga de Educador no novo centro do Instituto Moreira Salles em São Paulo. Em maio deste ano receberei a minha licenciatura da Universidade da Califórnia, Berkeley em Literaturas Latino-americanas, *summa cum laude*. Quando a professora Beatriz Carvalho me informou sobre esta vaga, imediatamente reconheci a oportunidade de utilizar os meus conhecimentos linguísticos, a minha paixão pelo ensino e os meus interesses acadêmicos a serviço do IMS e da sua missão cultural.

Quanto às minhas capacidades linguísticas, sou falante nativo de inglês e adquiri domínio oral e escrito em espanhol e português durante os meus estudos universitários. Tive a oportunidade de desenvolver o meu conhecimento de espanhol durante um semestre na Espanha, onde estudei a literatura latino-americana. Além das línguas, na UC Berkeley fiz estudos de literatura e cultura latino-americanas, incluindo dois cursos sobre o cinema e a fotografia da América Latina.

Também tenho ampla experiência de ensino. Trabalhei como educador para *No Legacy | Literatura Electrónica*, uma exibição na galeria Bernice Layne Brown em Berkeley. Nesse cargo, fui responsável pelo atendimento aos visitantes da exibição – demonstrando o uso das obras interativas, conduzindo visitas guiadas e ensinando sobre o contexto da exposição e os movimentos artísticos representados. Interagi com estudantes universitários, professores, crianças e os seus pais, e turistas internacionais da América Latina. Além desta experiência, também trabalhei como professor e tutor para várias organizações ao longo da graduação.

Envio anexo o meu currículo e coloco-me à disposição para uma entrevista pessoal, quando poderei aprofundar as razões da minha candidatura e prestar outras informações de interesse.

Cordialmente,

Samuel Hunnicutt

Carta 2

Berkeley, 6 de abril de 2018

Instituto Moreira Salles
Avenida Paulista, 2439
Bela Vista, São Paulo – SP, 01311–936

Caro Senhor,

Eu quero me candidatar à vaga de Educador no novo centro do Instituto Moreira Salles em São Paulo. Em maio deste ano eu vou receber a minha licenciatura da Universidade da Califórnia, Berkeley em Literaturas Latino-americanas, *summa cum laude*. Quando a professora Beatriz Carvalho me falou sobre esta vaga, imediatamente vi a oportunidade de utilizar os meus conhecimentos linguísticos, a minha paixão pelo ensino e os meus interesses acadêmicos a serviço do IMS e da sua missão cultural.

Eu sou falante nativo de inglês e aprendi espanhol e português durante os meus estudos universitários. Tive a oportunidade de desenvolver o meu conhecimento de espanhol durante um semestre na Espanha, onde estudei a literatura latino-americana. Além das línguas, na UC Berkeley fiz estudos de literatura e cultura latino-americanas, incluindo dois cursos sobre o cinema e a fotografia da América Latina.

Também tenho muita experiência de ensino. Eu trabalhei como educador para *No Legacy | Literatura Electrónica*, uma exibição na galeria Bernice Layne Brown em Berkeley. Nesse cargo, fui responsável pelo atendimento aos visitantes da exibição – demostrando o uso das obras interativas, conduzindo visitas guiadas e ensinando sobre o contexto da exposição e os movimentos artísticos representados. Interagi com estudantes universitários, professores, crianças e os seus pais, e turistas internacionais da América Latina. Além desta experiência, também trabalhei como professor e tutor para várias organizações ao longo da graduação.

Eu envio anexo o meu currículo e posso me encontrar com você para uma entrevista pessoal, quando vou poder aprofundar as razões da minha candidatura e prestar outras informações de interesse.

Cordialmente,

Samuel Hunnicutt

Manual prático de escrita em português/Developing Writing Skills in Portuguese

3.b. Escreva uma carta de apresentação a partir da seguinte oferta de emprego.

TodaLíngua
Procura Tradutor

Atuará com tradução de conteúdo de turismo e viagens para o idioma inglês.
Qualificação: Desejável experiência com tradução e revisão de textos. Conhecimento em pacote Office e em mídias sociais.
Idiomas: Inglês – Fluente
Formação: Ensino Superior cursando ou concluído em áreas correlatas.

Interessados enviar CV para tradutor@todalingua.com.br

---

4. A carta de recomendação

Alguns postos de trabalho exigem que o currículo seja acompanhado de uma carta de recomendação ou de uma carta de referências sobre a pessoa que solicita o emprego. Mais do que expressar o bom comportamento e a competência básica que o candidato possui, uma excelente carta de recomendação descreve seu talento e seu potencial pessoal. A carta deve incluir exemplos e observações específicas que demonstrem o talento do postulante e expliquem as qualidades e a personalidade dele.

Atividade 4

Imagine que você é professor universitário e que um aluno seu lhe pede uma carta de recomendação para solicitar uma bolsa para cursar um programa de pós-graduação na Universidade Federal da Bahia, em Salvador. Preste atenção à estrutura e redija uma carta com introdução, corpo e fecho.

5. O e-mail

O e-mail substitui, em parte, as antigas cartas, enviadas pelo correio. A estrutura de produção do e-mail formal assemelha-se à da carta, a saber:

1   Assunto

Apresenta o tema do e-mail, o qual é preenchido na caixa de diálogo que aparece acima do corpo da mensagem, por exemplo: Nota da Prova, Vaga de Emprego, etc.

2   Saudação

Utilize uma saudação adequada e dirija-se ao destinatário utilizando o respetivo título, por exemplo: "Boa tarde, Prof. Fulano" ou "Bom dia, Dra. Fulana". Se for necessária alguma apresentação da sua parte, faça-o logo no primeiro parágrafo do e-mail formal, por exemplo: "O meu nome é Fátima Bastos. Estou entrando em contato para . . ."

• *122*

Os textos administrativos e a correspondência

3   Corpo

No corpo de texto (ou corpo da mensagem) colocam-se as informações que o emissor quer expressar de acordo com o assunto da mensagem. Se for preciso anexar arquivos ao e-mail, mencione-os no corpo da mensagem com uma observação, por exemplo, "Em anexo, segue uma cópia do meu currículo no formato PDF".

4   Fecho

No fim da sua mensagem, use termos formais, tais como "Atenciosamente" ou "Com os melhores cumprimentos". Assine os e-mails com seu nome completo e, caso ache preciso, acompanhado de seu telefone para contato.

Atividade 5

Redija para um professor um e-mail no qual você solicita uma carta de recomendação. Siga estes conselhos:

- verifique que a pessoa a quem você pede a carta se sinta à vontade para lhe dar uma boa referência;
- ofereça datas em que você está disponível para uma reunião, caso o professor queira conversar pessoalmente antes de escrever a carta. Use uma frase do gênero: "Durante a semana de 21 de novembro, estou disponível para nos reunirmos em qualquer dia entre as 9h e 13h";
- envie uma cópia atualizada do seu currículo e informações sobre suas habilidades e experiências, de forma que quem faça a recomendação tenha a informação mais atualizada possível.

6. A mensagem de texto e as redes sociais

Mesmo que não seja um texto administrativo, a mensagem de texto, também chamado SMS ou torpedo, é um meio de comunicação muito usado para a troca de mensagens breves, que podem ser enviadas ou recebidas através de um aparelho celular.

Atualmente, a função do SMS tem se estendido para vários setores, como os programas televisivos que aceitam mensagens de textos em forma de votação referente a alguma atração ou concurso.

1   **O internetês.** Com o uso de textos reduzidos, muitas palavras foram sendo abreviadas, para economizar caracteres na conversa, seja no SMS ou nas redes sociais, como o Twitter, WhatsApp, Facebook, etc. Assim, surgiram um vocabulário próprio e um sistema de escrita, chamados informalmente de "internetês". Uma outra característica dessa linguagem é a tendência a ser coloquial e informal, devido à ilusão de o interlocutor estar participando em uma conversa espontânea.

2   **As abreviaturas.** Embora haja variações nas abreviaturas usadas nas mensagens de texto e na internet, existe uma configuração padronizada. Contudo, é preciso

123 •

reconhecer que se trata de uma linguagem em constante mudança, em função dos caprichos dos usuários. Seguem algumas das mais utilizadas, que também aparecem nos e-mails muito informais.

abs – abraços	hj – hoje	p/ – para
bjs – beijos	kd – cadê	pq – porque
blz – beleza	msg – mensagem	qdo – quando
c/ – com	msm – mesmo	sdds – saudades
cmg – comigo	ñ, n, non, naum, num ou nao – não	tb – também
flw – falou	obg – obrigado	vc – você

As abreviações abaixo encontram-se frequentemente nos chats, e-mails, SMS e nas redes sociais, em geral.

aff – Usada para demonstrar descontentamento, cansaço, insatisfação, indignação ou discordância. Ao pronunciar essa "palavra" repare o som emitido: é como um suspiro por falta de paciência.

ctz – Significa "certeza" ou "com certeza". Outras abreviações dessas palavras também são muito comuns, como **ctzz**, **ctza**, **com ctza**. Essas podem ser usadas para afirmar o que foi dito ou até para ironizar.

fikdik – Serve para mostrar que a mensagem é um conselho, já que significa "Fica a dica". Por exemplo: "Oi amg, as lojas do shopping estão todas em liquidação. FIKDIK".

glr – Uma espécie de abreviação de "galera", ou grupo de amigos. Por exemplo: "glr, vamos marcar de nos encontrar?".

pfv – Significa "por favor". Existem outras siglas usadas, como **pf**, **pfvr**, **plz** (de *please*), usadas para pedidos ou como ironia em relação a algum comentário.

plmdds – É uma redução de "Pelo amor de Deus". Usada para pedir alguma coisa ou para exclamar a sua indignação por algo.

sdv – Essa gíria é muito usada no Twitter e no Instagram e significa "Segue de volta". Usada por usuários ao pedir para que os outros o sigam também nessas redes sociais.

sqn – Famoso no Twitter como hashtag, significa "Só que não". Está muito presente nas redes sociais, sendo citada pelos usuários quando dizem algo contrário do que pensam. Exemplo: "adoro carnaval. #sqn".

vdd – É a abreviação da palavra "verdade". Existem também outras variações dessa, como **vrdd** e **vddr**, que quer dizer "verdade verdadeira". Usa-se para concordar com o que alguém escreveu online.

Adotado de www.techtudo.com.br

Os textos administrativos e a correspondência

3 **Regras "ortográficas".** Observe-se a redução drástica da forma gráfica das palavras e a eliminação dos acentos. Outras transformações são:

qu	– >	k ou ku, dependendo da palavra	e.g., aki (aqui)
ch	– >	x	e.g., axar (achar)
o (final)	– >	u (como se pronuncia)	e.g., axu (acho)
ss	– >	s	e.g., nossa – > nosa
s	– >	z	e.g., asas – > azas

Utiliza-se o "h" como um substituto do acento, ou seja, marcando a sílaba tônica, de forma que "eu já saí" torna-se "eu jah saih".

Atividade 6

Escreva por extenso as abreviaturas nas mensagens abaixo e procure as gírias em um dicionário de português informal. Depois, reescreva a troca para o português padrão, como se fosse entre dois colegas que têm uma relação mais formal.

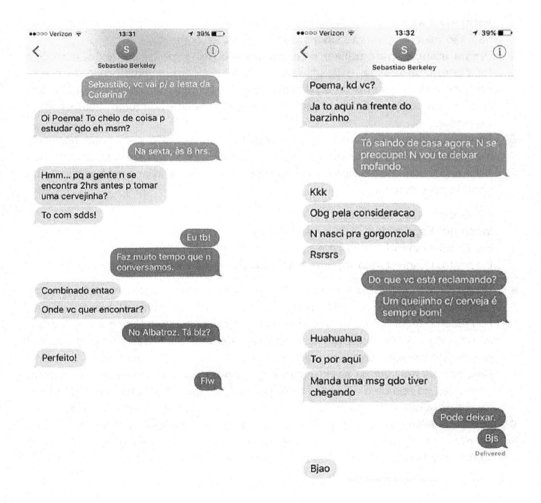

125

Capítulo 7
Mais alguns conselhos para escrever bem

1. A precisão no uso da linguagem

Seguem algumas dicas para ajudar na hora de planejar a linguagem e o estilo de um texto.

1 **Verifique a escolha dos sinônimos.** Duas palavras cujos significados se parecem não são necessariamente sinônimos em qualquer contexto.

2 **Preste atenção para utilizar o termo correto.** Ao escrever um texto, é preciso ter certeza de que se está utilizando um termo corretamente; caso contrário, pode-se cometer o erro de a palavra escolhida ter mais de uma conotação, que resulte em ambiguidade ou em significado diferente daquele que se quer expressar.

3 **Procure não repetir ideias ou informação.** Tome cuidado para evitar possíveis redundâncias, ou pleonasmos. Certos adjetivos ou advérbios, em vez de contribuir para enriquecer a descrição, podem proporcionar uma informação redundante, contida no substantivo.

> Ex. Espero que você volte.
> Incorreto: Espero que você volte de novo.
> Ex. O aniversário foi uma bela surpresa.
> Incorreto: O aniversário foi uma bela surpresa inesperada.

4 **Respeite as normas de ortografia.** Preste especial atenção, por exemplo, àquelas palavras que em inglês duplicam as consoantes: *different* (diferente), *accommodation* (acomodação). Sempre que tiver uma dúvida, consulte o *Vocabulário Ortográfico da Língua Portuguesa*, publicado pela Academia Brasileira de Letras, disponível on-line em www.academia.org.br/nossa-lingua/busca-no-vocabulario.

5 **Respeite as normas de acentuação e de pontuação.** Lembre-se de que existem diferenças no uso de maiúsculas entre português e inglês: *the Brazilian flag* (a bandeira brasileira), assim como no uso dos sinais de pontuação e de acentuação.

6 **Tome cuidado com as interferências das línguas espanhola e inglesa.** Na hora de revisar seu texto, se algum aspecto do texto chama atenção por ser muito similar à estrutura do inglês ou do espanhol, é melhor conferir o uso correto.

Mais alguns conselhos para escrever bem

- Em espanhol, utiliza-se o *a personal*, ou seja, a preposição "a" antes de um objeto direto que é uma pessoa, mas não em português.

  Espanhol: *Ayer vi a Paco en el cine.*
  Português: Ontem vi o Chico no cinema.

- Preste atenção àquelas palavras que requerem o uso obrigatório do artigo em português e que não precisam dele em inglês.

  Ex. a Dra. Langer (*Dr. Langer*); o professor Seixas (*Professor Seixas*).

- Os advérbios em português costumam ir logo depois do verbo, enquanto, em inglês, muitas vezes colocam-se entre o sujeito e o verbo.

  Ex. Ela abriu cuidadosamente a caixa. (*She carefully opened the box.*)

2. A acentuação e a ortografia

É preciso que as palavras em um texto escrito sejam acentuadas corretamente. Na hora de revisar um texto, verifique também a ortografia. Lembre-se de que as únicas consoantes dobradas que existem em português são RR (carro) e SS (passar). Preste atenção em como a presença de um acento gráfico muda o significado da palavra:

sábia: aquela que sabe muito;
sabia: o verbo saber na terceira pessoa do singular do pretérito imperfeito do indicativo;
sabiá: um tipo de pássaro.

3. A pontuação

Devem-se respeitar os sinais de pontuação em todo momento já que, além de estruturar um texto, servem para o leitor saber quando realizar as diferentes pausas durante a leitura. Segue uma explicação dos sinais de pontuação.

O ponto final

O ponto final indica o fim de uma frase declarativa ou uma interrogação indireta. Utiliza-se também:

- nas abreviaturas:

  Ex. D. Maria (Dona); Sr. (Senhor)

- para separar os milhares em um algarismo:

  Ex. 1.200; 67.891; 13.343.952; mas não se utiliza para separar anos ou datas: Nasci em 1964.

Manual prático de escrita em português/Developing Writing Skills in Portuguese

A vírgula

Usa-se a vírgula para marcar uma pausa do enunciado. Ela indica que os termos por ela separados, apesar de participarem da mesma frase ou oração, não formam uma unidade sintática: A Bia, amiga da Fátima, ganhou a Mega-Sena. Utiliza-se nas seguintes situações:

- separar o vocativo:

  Ex. Antônio, traga o jornal, por favor.

- separar alguns apostos:

  Ex. Ana, minha grande amiga, virá na próxima semana.

- separar elementos de uma enumeração:

  Ex. Alugam-se carros, lambretas, bicicletas.

- separar conjunções intercaladas:

  Ex. Não havia, porém, motivo para tantos gritos.

- isolar o nome de lugar na indicação de datas:

  Ex. Cuiabá, 30 de abril de 2006.

- marcar a omissão de um termo (normalmente o verbo):

  Ex. Ela prefere chá, e eu, café (omissão do verbo "preferir").

- termos coordenados ligados pelas conjunções "e", "ou", "nem" dispensam o uso da vírgula:

  Ex. Conversamos sobre futebol, religião e política.
  Ex. Não se falavam nem se olhavam.
  Ex. Ainda não escolhi entre o vatapá ou a moqueca.

- entretanto, se essas conjunções aparecerem repetidas, com a finalidade de dar ênfase, o uso da vírgula passa a ser obrigatório:

  Ex. Não gosto nem de gengibre, nem de dendê, nem de camarão.

- quando as orações coordenadas possuírem sujeitos diferentes:

  Ex. Os ricos estão cada vez mais ricos, e os pobres, cada vez mais pobres.

- para separar os números decimais, como por exemplo nas quantidades que se indicam em uma moeda:

  Ex. R$ 83,95; $ 15,99; 50€; o 23,5% da população.

O ponto e vírgula

O ponto e vírgula indica uma pausa maior que a vírgula e menor que o ponto. Emprega-se nos seguintes casos:

Mais alguns conselhos para escrever bem

- para separar orações coordenadas não unidas por conjunção, que guardem relação entre si:

    Ex. O mar está poluído; os peixes estão mortos.

- para separar orações coordenadas adversativas quando a conjunção aparecer no meio da oração:

    Ex. Esperava encontrar todos os ingredientes na feira; obtive, porém, apenas o quiabo.

- para separar itens de uma enumeração:

    Ex. No parque de diversões, as crianças encontraram: brinquedos; algodão doce; cachorros-quentes.

Os dois-pontos

O uso de dois-pontos marca uma ligeira suspensão no ritmo de uma frase não concluída. É usado:

- antes do discurso direto:

    Ex. Ela não parou de repetir: "Meu filho vai voltar um dia".

- antes de uma enumeração:

    Ex. Preciso comprar: leite de coco, amendoim torrado, camarão seco, coentro e pimenta malagueta.

- antes de uma citação:

    Ex. Descartes afirmou: "Penso, logo existo".

- para indicar um esclarecimento, resultado ou resumo:

    Ex. Cássio era assim mesmo: não tolerava ofensas.

- antes de orações apositivas:

    Ex. Só aceito com uma condição: vocês virão à gafieira comigo.

As reticências

As reticências marcam uma interrupção. Utilizam-se para:

- indicar a suspensão ou interrupção de uma ideia ou pensamento:

    Ex. Vim aqui pensando que . . .

- indicar que uma ação ainda não acabou:

    Ex. As horas passavam . . .

- mostrar na linguagem escrita sensações típicas da linguagem falada, como hesitações, dúvidas, surpresa, ironia, suspense, tristeza, etc.:

    Ex. Eu . . . eu não sei . . . não sei o que se pode fazer agora . . .

- realçar uma palavra ou expressão, dando maior ênfase à mesma:

    Ex. Seu presente é . . . um cruzeiro pelas Ilhas dos Açores!

- indicar que uma citação está incompleta:

    Ex. "A mulher se aproximou de mim e, sem dizer uma palavra, afastou com o pé uma boneca de pano que estava entre o alforje e o meu rosto; depois continuou imóvel, com o olhar perdido na escuridão da gruta, enquanto a criança apanhava o corpo de pano e, correndo em ziguezague, alcançava o interior da casa. [. . .] Disse-lhe quem eu era, quando tinha chegado, e perguntei o nome dela". (Milton Hatoum, Relato de um certo oriente)

O ponto de exclamação

O ponto de exclamação emprega-se no final de frases exclamativas que expressam emoção, surpresa, admiração, indignação, raiva, espanto, susto, exaltação, entusiasmo, dentre outros. O ponto de exclamação pode vir seguido dos verbos imperativos, por exemplo:

    Ex. Não faça isso!

O ponto de interrogação

O ponto de interrogação emprega-se no final das frases interrogativas diretas. Nas frases interrogativas indiretas esse sinal de pontuação não se utiliza.

    Ex. Você quer almoçar comigo?
    Ex. Ela perguntou se eu queria almoçar com ela.

As aspas

As aspas utilizam-se para enfatizar palavras ou expressões, além de indicar citações de algum texto. Os dois tipos utilizados são as aspas simples (' ') e as aspas duplas (" ").

A aspas simples utilizam-se quando a aspa dupla já está sendo utilizada, por exemplo:

    Ex. A menina explicou à mãe o que aconteceu: "Ela foi chamada de 'quatro-olhos' e ficou zangada".

Mais alguns conselhos para escrever bem

As aspas duplas empregam-se:

- no início e no fim de citações ou transcrições de outros textos.
- no início e no fim de nomes de obras literárias ou artísticas, como títulos de livros, de obras de arte, de filmes, de músicas. Nestes casos, as aspas podem ser substituídas por uma escrita em itálico.
- no início e no fim de palavras e expressões que se pretendem destacar, conferindo-lhes ironia ou ênfase.

O hífen e o travessão

O hífen utiliza-se para:

- ligar palavras compostas:

    Ex. arco-íris

- fazer a junção entre pronomes oblíquos e algumas formas verbais:

    Ex. Levei quase dois anos para escrevê-lo.

- separar as sílabas de um dado vocábulo:

    Ex. pa-ra-le-le-pí-pe-do

- ligar palavras precedidas de prefixos:

    Ex. micro-organismo

O travessão encontra-se, principalmente, no início das falas no discurso direto:

Ex. – Onde é o Edifício Copan, por favor? – perguntou o turista. – Fica no final da Avenida Ipiranga – respondeu o balconista. – Obrigado!

Os parênteses

Os parênteses servem para intercalar qualquer indicação acessória. Empregam-se:

- para fazer um comentário ou explicação a respeito do que se escreve:

    Ex. O Francisco (aquele que fez o vatapá) perguntou de você hoje.

- para expressar uma opinião:

    Ex. Eles afirmam (embora ninguém acredite) que são de confiança.

- para indicar informações bibliográficas:

    Ex. (cf. Muñoz-Basols, Pérez Sinusía e David, 2012)

Manual prático de escrita em português/Developing Writing Skills in Portuguese

4. Tipos de dicionários e outros recursos para a escrita

O dicionário é um dos recursos que se pode utilizar para averiguar e planejar a escrita de um texto, já que proporciona informação sobre quando e como empregar um termo. Além do dicionário convencional, existem outros tipos de dicionários e recursos de grande ajuda. Seguem os principais e mais úteis.

- **Vocabulário Ortográfico da Língua Portuguesa**

  Publicado pela Academia Brasileira de Letras contém 381.000 verbetes, as respectivas classificações gramaticais e outras informações conforme descrito no Acordo Ortográfico.
  www.academia.org.br/nossa-lingua/busca-no-vocabulario.

- **Grande Dicionário Houaiss da Língua Portuguesa**

  Com mais de 230.000 verbetes do português, indica a origem e a datação das palavras, além de homônimos, parônimos, função gramatical, etc.

- **Michaelis Dicionário Brasileiro da Língua Portuguesa**

  http://michaelis.uol.com.br/
  É um dicionário normativo, isto é, o que especifica o uso correto das palavras. Além disso, proporciona dicionários bilíngues português-inglês inglês-português, e versões em espanhol, alemão, italiano e francês.

- **Dicionário do Aurélio**

  https://dicionariodoaurelio.com/
  Também é um dicionário normativo, que oferece uma versão auditiva da pronúncia da palavra e das principais definições.

- **Dicionário de regência verbal**

  Apresenta a transitividade dos verbos e o tipo de complemento que cada sentido dos verbos requer, isto é, se exige (ou não) uma preposição.

- **Dicionário de sinônimos**

  www.sinonimos.com.br/
  Ajuda a encontrar diferentes palavras com o mesmo significado ou um significado semelhante.

- **Dicionário de antônimos**

  www.antonimos.com.br/
  Indica palavras que têm significado contrário ao de outras.

- **Dicionário informal de português**

  www.dicionarioinformal.com.br/
  É um dicionário de gírias e palavras regionais para internet, no qual as palavras são definidas pelos usuários. Documenta on-line a evolução do português.

• 132

Mais alguns conselhos para escrever bem

- **Conjugação de verbos**
  www.conjugacao.com.br/
  Uma ferramenta on-line para encontrar as conjugações completas de todos os verbos regulares e irregulares da língua portuguesa.

5. Os marcadores discursivos

Os marcadores discursivos ligam as frases, períodos, orações, parágrafos e permitem a sequência de ideias. São elementos essenciais no desenvolvimento de textos, uma vez que estão relacionados com a coesão textual. Assim, se forem mal-empregados, reduzem a capacidade de compreensão da mensagem e comprometem o texto. A seguinte tabela recolhe os principais marcadores discursivos classificados segundo sua função comunicativa. Serve como guia e não se trata de encher um texto, de maneira desnecessária, com um grande número destes elementos, senão de utilizá-los corretamente para enriquecer a expressão e o estilo. Um asterisco (*) indica aqueles marcadores que costumam ser seguidos do presente ou do imperfeito do subjuntivo. Dois (**) marcam aqueles que podem ser seguidos do futuro do subjuntivo.

Função comunicativa	Marcadores ou conectores discursivos
Prioridade e relevância Utilizam-se em início de frases para apresentar uma ideia ou oferecer relevância ao que está sendo apresentado. Ex. *Primeiramente, é preciso atentar-se ao conceito de pluralidade cultural.*	Em primeiro lugar, antes de mais nada, antes de tudo, em princípio, primeiramente, acima de tudo, principalmente, primordialmente, sobretudo, a priori, a posteriori.
Tempo, frequência, duração, ordem ou sucessão Situam o leitor na sucessão dos acontecimentos ou das ideias. Ex. *Logo após sair da aula, os alunos queixaram-se da prova.*	Então, enfim, logo, logo depois, imediatamente, logo após, a princípio, no momento em que, pouco antes, pouco depois, anteriormente, posteriormente, em seguida, afinal, por fim, finalmente, agora, atualmente, hoje, frequentemente, constantemente, às vezes, eventualmente, por vezes, ocasionalmente, sempre, raramente, não raro, ao mesmo tempo, simultaneamente, nesse ínterim, nesse meio tempo, nesse hiato, apenas, já, mal, antes que*, desde que*, enquanto**, quando**, depois que**, logo que**, sempre que**, assim que**, todas as vezes que**, cada vez que**.
Semelhança, comparação ou conformidade Estabelecem uma relação com uma ideia ou um conceito que já foi apresentado anteriormente no texto. Ex. *De acordo com as ideias de Darcy Ribeiro, o povo brasileiro é muito diverso.*	Igualmente, da mesma forma, assim também, do mesmo modo, similarmente, semelhantemente, analogamente, por analogia, de maneira idêntica, de conformidade com, de acordo com, segundo, conforme, sob o mesmo ponto de vista, tal qual, tanto quanto, como, assim como, bem como, como se* (sempre imperfeito do subjuntivo).

Manual prático de escrita em português/Developing Writing Skills in Portuguese

Função comunicativa	Marcadores ou conectores discursivos
Condição ou hipótese Empregam-se em situações circunstanciais que podem oferecer hipóteses para uma situação futura. Ex. *Caso não chova logo, o estado enfrentará uma seca.*	Se*, caso*, desde que*, contanto que*, a não ser que*, eventualmente.
Continuação ou adição Para acrescentar algo ao texto, e que esteja relacionado com o que anteriormente foi apresentado. Ex. *Susana é professora de Sociologia na FLACSO. Além disso, ocupa a carga de diretora de vários projetos e coordena as equipes de pesquisa.*	Além disso, demais, ademais, outrossim, ainda mais, por outro lado, também, e, nem, não só, como também, não apenas, bem como.
Dúvida Para inserir no texto uma dúvida ou probabilidade. Ex. *Talvez exista mais de uma solução ao problema.*	Talvez*, é provável que*, provavelmente, possivelmente, quiçá, quem sabe, não certo, se é que.
Certeza ou ênfase Para enfatizar uma ideia no texto. Ex. *As doações certamente ajudarão as vítimas do incêndio.*	Por certo, certamente, indubitavelmente, inquestionavelmente, sem dúvida, inegavelmente, com certeza.
Surpresa ou imprevistos Enfatizam uma surpresa ou algum imprevisto. Utilizam-se muito nos textos descritivos e narrativos. Ex. *De repente, todos saíram correndo.*	Inesperadamente, de súbito, subitamente, de repente, imprevistamente, surpreendentemente.
Ilustração ou esclarecimento Para esclarecer algum conceito ou ideia. Ex. *Ocuparam todos os locais da faculdade, ou seja, o anfiteatro, a biblioteca, o refeitório e a praça.*	Por exemplo, isto é, ou seja, em outras palavras, quer dizer, aliás.
Propósito, intenção ou finalidade Para apresentar o objetivo relacionado com o que o escritor deseja alcançar. Ex. *Com o intuito de ganhar mais votos para as eleições, Bernardo divulgou muito seu trabalho.*	Com o fim de, a fim de, como propósito de, com a finalidade de, com o intuito de, para, ao propósito, para que*, a fim de que*.
Lugar, proximidade ou distância Para indicarem a distância entre algo. Ex. *O Corcovado fica a onze quilômetros do Maracanã.*	Perto de, próximo a ou de, justo a ou de, dentro, fora, mais adiante, aqui, além, acolá, lá, ali, este, esta, isto, esse, essa, isso, aquele, aquela, aquilo, ante, a.
Conclusão ou resumo Utilizam-se na conclusão de um parágrafo, ou mesmo de uma redação, para resumir as ideias que foram apontadas no texto. Ex. *Em resumo, nota-se o aumento de crimes ambientais durante o período apresentado.*	Em suma, em síntese, enfim, em resumo, portanto, assim, dessa forma, dessa maneira, desse modo, logo, pois, assim sendo, nesse sentido.

• *134*

Mais alguns conselhos para escrever bem

Função comunicativa	Marcadores ou conectores discursivos
Causa, consequência e explicação Para explicar as causas e consequências de uma ação, um fenômeno, etc. Ex. *O aquecimento global tem afetado diretamente o planeta. Como resultado, houve a extinção de muitas espécies.*	Por consequência, por conseguinte, como resultado, por isso, por causa de, em virtude de, assim, de fato, com efeito, tão, tanto, tamanho, que, porque, porquanto, pois, já que, uma vez que, visto que, como (no sentido de porque), portanto, de tal forma que, haja vista.
Contraste, oposição, restrição, ressalva Para opor ideias ou conceitos num período. Ex. *Embora o Brasil seja um país diverso, encontram-se singularidades em muitas regiões.*	Pelo contrário, em contraste com, salvo, exceto, menos, mas, contudo, todavia, entretanto, no entanto em contrapartida, apesar de, embora*, ainda que*, mesmo que*.
Ideias alternativas Para citar mais de uma opção. Ex. *Ou enfrentamos o problema, ou haverá graves consequências.*	Ou, ou . . . ou, quer . . . quer, ora . . . ora.

6. Dez dicas para revisar seu texto

1 **Pense no tipo de texto que pretende redigir.**

Pense no propósito do texto e no destinatário. O nível de familiaridade do seu leitor com o tema do texto determinará se pode ou não conter certas alusões, termos técnicos, entre outros elementos. Ao escrever uma carta, lembre-se de que há normas a respeitar: como iniciá-la e terminá-la, o cabeçalho, etc.; ao redigir um texto jornalístico, não se esqueça de abordar o tema por uma perspectiva concreta; ao elaborar um texto acadêmico, escolha bem os argumentos e preste atenção ao estilo e à linguagem.

2 **Escolha um bom título, mesmo que seja provisório.**

Um ou vários títulos ajudarão a definir o tema. Para um texto expositivo, argumentativo, etc. pense que o título serve como carta de apresentação e convite à leitura. Formule um título que capte a atenção do leitor.

3 **Planeje sempre antes de escrever, por mais breve que seja o texto.**

Uma vez que tiver toda a informação, anote as ideais para planejar a organização textual. Faça um mapa mental ou um esquema que ajude a desenvolver as ideias principais. Verifique se os argumentos estão na ordem correta. No caso de um ensaio, pergunte-se se você defendeu os argumentos de maneira convincente. No caso de uma carta, ficou claro o que você solicita ou o que apresenta?

4 Revise a gramática.

Verifique a concordância e as estruturas gramaticais. Principalmente, revise a concordância (sujeito + verbo; ser e estar + adjetivo; concordância de gênero, de número, etc.). Pense em outras diferenças gramaticais que não existem na sua língua, ou que não se utilizam da mesma maneira, para verificar se estão utilizadas corretamente; dedique um tempo para refletir sobre os aspectos da língua que considera mais difíceis e revise-os.

5 Selecione bem aquelas palavras e expressões que considera imprescindíveis.

Lembre-se dos marcadores discursivos mais úteis e das expressões para iniciar, desenvolver e concluir seu texto, que servem para guiar o leitor durante a leitura.

6 Se for possível, deixe de lado seu texto por alguns dias.

É preferível voltar a revisar tudo no dia seguinte, ou em alguns dias, em vez de fazer uma leitura rápida ao terminar, para detectar erros mais visíveis ou para certificar-se de que a ideia principal do texto foi alcançada.

7 Volte a revisar prestando atenção no estilo.

Depois de escrever a primeira versão do texto, pense em como pode enriquecer a linguagem, por exemplo, empregando verbos que transmitem melhor e com mais precisão o significado pretendido. Preste atenção à colocação dos adjetivos e verifique se realmente expressam o que você quer dizer.

8 Versão impressa

Use sua impressora na hora de rever um trabalho escrito: não há nada como ler e rever, preto no branco, aquilo que acabou de escrever. Aproveite para tomar notas, reorganizar palavras e cortar trechos desnecessários.

9 Ler em voz alta

Ao ler em voz alta você se obriga a estar mais atento e concentrado no texto; isso, por sua vez, permite uma melhor e mais rápida detecção de erros, gralhas e passagens mal escritas ou que possam ser melhoradas.

10 Peça para que alguém revise

Depois de verificar todos os pontos já destacados, peça a um amigo ou a um colega para ler seu texto e dar uma opinião. Uma pessoa que não esteve envolvida no processo criativo do trabalho em questão verá o texto com olhos frescos.

Bibliography

Abreu, Caio Fernando. (1982) *Morangos Mofados*, Rio de Janeiro: Nova Fronteira.

Alencar, José de. (1965) *Iracema*, Rio de Janeiro: José Olympio.

Alencar, José de. (1968) *O guarani*, São Paulo: Ed. Cultrix.

Alencar, José de. (1987) *Senhora*, São Paulo: Editora Ática.

Almeida, Napoleão Mendes de. (1997) *Gramática Metódica da Língua Portuguesa*, São Paulo: Saraiva.

Alpendre, Sérgio. "A Autópsia' vai bem na primeira metade, mas descamba no fim," *Folha de S.Paulo*, 10 May 2017.

Andrade, Carlos Dummond de. (2013) *Alguma Poesia*, São Paulo: Companhia das Letras.

Andrade, Mário de. (1993) *Macunaíma: o herói sem nenhum caráter*, Belo Horizonte: Villa Rica.

Aquino, Renato Monteiro de. (2001) *Redação para concursos*, Niterói: Impetus.

Araujo, Inácio. "Filme sobre Olavo de Carvalho não traduz bem ideias do filósofo," *Folha de S.Paulo*, 5 June 2017.

Azevedo, Aluísio. (1961) *Casa de Pensão*, São Paulo: Martins.

Bá, Gabriel; and Fábio Moon. (2015) *Dois irmãos, baseado na obra de Milton Hatoum*, São Paulo: Companhia das Letras.

Barbeiro, Luís Filipe; and Luísa Álvares Pereira. (2007) *O Ensino da Escrita: A Dimensão Textual*, Lisboa: Ministério da Educação.

Barros, Jussara de. "O Internetês e a Ortografia," http://brasilescola.uol.com.br/educacao/o-internetes-ortografia.htm (accessed August 2017).

Beltrão, Odacir; and Mariúsa Beltrão. (1998) *Correspondência: linguagem & comunicação: oficial empresarial, particular*, São Paulo: Atlas.

Bracher, Beatriz. (2015) *Anatomia do Paraíso*, São Paulo: Editora 34.

Brasiliense, Leonardo. (2000) *Corpos sem pressa*, Rio de Janeiro: Casa Verde.

Caldeira, Jorge. (1997) *Viagem pela História do Brasil*, São Paulo: Companhia das Letras.

Campagnaro, J. João. (2003) *Gramática*, São Paulo: Editora Letras & Letras.

Campos, Maria Inês Batista. (2013) *Gêneros em rede: leitura e produção de texto*, São Paulo: Editora FTD S.A.

Carlos, Cássio Starling. "Ambição narrativa do roteiro de 'Faces de uma Mulher' não funciona," *Folha de S.Paulo*, 25 May 2017.

Carvalho, Bernardo. (2002) *Nove noites*, São Paulo: Companhia das Letras.

Carvalho, Jússia. "Em patrulha, PM ouve choro de bebê desconhecido e resolve amamenta-lo," *Folha de S.Paulo*, 6 July 2017.

Chiziane, Paulina. (2000) *O sétimo juramento*, Lisboa: Editorial Caminho.

Bibliography

Citelli, Adilson. (1994) *O texto argumentativo*, São Paulo: Scipione.

"Como Fazer um Currículo Vitae," www.meucurriculum.com/como-fazer-um-curriculum-vitae (accessed July 2017).

Cunha, Celso. (1985) *Nova gramática do português contemporâneo*, Rio de Janeiro: Nova Fronteira.

Cunha, Euclides da. (2014) *Os sertões*, Lisboa: Glaciar.

Diniz, Pedro. "Fim de boate Alôca sepulta uma era de ativismo gay," *Close: O mundo gay visto de perto, Folha de S.Paulo*, 9 July 2017.

Donaggio, Angela; Catarina Barbieri; Eloísa Machado; Luciana Ramos; and Marta Machado. "Machismo na Academia," *#AgoraÉQueSãoElas: Um espaço para mulheres em movimento, Folha de S.Paulo*, 24 May 2017.

Felitti, Chico. "'Amor.com' mal tem história, mas abre espaço para merchan," *Folha de S.Paulo*, 5 June 2017.

Fernandez, Alexandre Agabiti. "A Terra vermelha," *Folha de S.Paulo*, 29 June 2017.

Fiorin, José Luiz; and Francisco Platão Savioli. (2006a) *Lições de texto: leitura e redação*, São Paulo: Editora Ática.

Fiorin, José Luiz; and Francisco Platão Savioli. (2006b) *Para entender o texto: leitura e redação*, São Paulo: Editora Ática.

Folhapress. "País violento," *Folha de S.Paulo*, 14 April 2004.

Folhapress. "Paliativo rosa," *Folha de S.Paulo*, https://www1.folha.uol.com.br/fsp/.../175548-paliativo-rosa.shtml (accessed March 2017).

Freire, Marcelino. (2005) *Contos Negreiros*, Rio de Janeiro: Editora Record.

Gaioto, Alexandre. "Escrever é um ato de disciplina," *Vivamaringá*, 23 October 2017.

Galeano, Marina. "Animação sobre cão roqueiro tem pouca música e muita explicação," *Folha de S.Paulo*, 5 May 2017.

Galeano, Marina. "'Inseparáveis' se conforma a viver na sombra de longa francês," *Folha de S.Paulo*, 5 June 2017.

Garcia, Othon Moacir. (2010) *Comunicação em prosa moderna: aprenda a escrever, aprendendo a pensar*, Rio de Janeiro: Editora FGV.

Gil, Gilberto. (1968) *Domingo no parque*, Rio de Janeiro: Gege Edições/Preta Music.

Gonçalves, Evanilton. (2017) *Pensamentos supérfluos: coisas que desaprendi com o mundo*, Salvador: paraLeLo13S.

Guedes, Diogo. "Livro de José Luiz Passos aborda política, passado e presente," *Jornal do Commercio*, 23 October 2016.

Guimarães Júnior, Luís. (1987) *A família Agulha*, Rio de Janeiro: Presença.

Hatoum, Milton. (1989) *Relato de um certo Oriente*, São Paulo: Companhia das Letras.

Hatoum, Milton. (2000) *Dois irmãos*, São Paulo: Companhia das Letras.

Houaiss, Antônio. (2007) *Dicionário Houaiss da língua portuguesa*, Rio de Janeiro: Objetiva.

Lacerda, Hilton. (2002) *Amarelo manga*. Unpublished screenplay.

Lima Barreto. (1975) *Triste fim de Policarpo Quaresma*, São Paulo: Brasiliense.

Lisboa, Adriana. (2004) *Caligrafias*, Rio de Janeiro: Editora Rocco.

Lisboa, Adriana. (2010) *Azul Corvo*, Rio de Janeiro: Alfaguara.

Luft, Celso Pedro. (2002) *Dicionário prático de regência verbal*, São Paulo: Editora Ática.

Machado de Assis, Joaquim. (1968) *Memórias póstumas de Brás Cubas*, Rio de Janeiro: Editora Record.

Machado de Assis, Joaquim. (1987) *Helena*, Rio de Janeiro: Editora Record.

Machado de Assis, Joaquim. (2001) *Dom Casmurro*, Rio de Janeiro: Editora Record.

Magri, Ieda. "Entrevista com José Luiz Passos," *Revista Z Cultural*, February 2017.

Bibliography

Manual da redação da Folha de S.Paulo, www1.folha.uol.com.br/folha/circulo/manual_producao_l. htm (accessed June 2017).

Marques Pereira, Nuno. (1760) *Compêndio Narrativo do Peregrino da América*, Lisboa: Na Offic. de Antônio Vicente da Silva.

Mattoso, Camila. "Geddel divide cela com nove presos, corta cabelo e tem banho frio," *Folha de S.Paulo*, 4 July 2017.

Mazzarotto, Luiz Fernando; Davi Dias de Camargo; and Ana Maria Herrera Soares. (2001) *Manual de redação*, São Paulo: Difusão Cultural do Livro.

Mello Franco, Bernardo. "Jacaré na jaula," *Folha de S.Paulo*, 4 July 2017.

Menezes, Thales de. "Em longa, João Silva é celebrado por sua música bela e simples," *Folha de S.Paulo*, 29 June 2017.

Miranda, Giuliana. "Casal brasileiro recupera antigo apartamento de Fernando Pessoa e aluga por temporada," *Ora Pois: Um olhar brasileiro sobre Portugal*, *Folha de S.Paulo*, 9 July 2017.

Moscovich, Cíntia. (2012) *Essa coisa brilhante que é a chuva*, Rio de Janeiro: Editora Record.

Mota, Deniz. "Paula Lima: 'Acredito na denúncia e na punição'," *Preta, preto, pretinhos: Novidades da comunidade negra no Brasil e no mundo*, *Folha de S.Paulo*, 10 July 2017.

Muñoz-Basols, Javier; Marianne David and Olga Núñez Piñeiro. (2009) *Speed Up Your Spanish. Strategies to Avoid Common Errors*, London and New York: Routledge.

Muñoz-Basols, Javier; Yolanda Pérez Sinusía; and Marianne David. (2012) *Developing Writing Skills in Spanish*, London and New York: Routledge.

Muñoz-Basols, Javier, Nina Moreno, Inma Taboada and Manel Lacorte. (2017) *Introducción a la lingüística hispánica actual: teoría y práctica*, London and New York: Routledge.

Muñoz-Basols, Javier and Manel Lacorte. (2017) *Lingüística hispánica actual: guía didáctica y materiales de apoyo*, London and New York: Routledge.

Muñoz-Basols, Javier; Elisa Gironzetti and Manel Lacorte, eds. (2019) *The Routledge Handbook of Spanish Language Teaching: metodologías, contextos y recursos para la enseñanza del español L2*, London and New York: Routledge.

Muñoz-Basols, Javier and Sonia Bailini. (2019) 'Análisis y corrección de errores / Error Analysis and Error Correction,' in *The Routledge Handbook of Spanish Language Teaching: metodologías, contextos y recursos para la enseñanza del español L2*, eds. Javier Muñoz-Basols, Elisa Gironzetti and Manel Lacorte, 94-108. London and New York: Routledge.

Neves, Fernanda Pereira. "Conselho da USP aprova cotas sociais e raciais para vestibular de 2018," *Folha de S.Paulo*, 4 July 2017.

Nogueira, Salvador. "Modelo explica o ciclo de 11 anos do sol," *Mensageiro Sideral: De onde viemos, onde estamos e para onde vamos*, *Folha de S.Paulo*, 13 July 2017.

Norma Culta: Língua Portuguesa em bom Português, www.normaculta.com.br (accessed May 2016).

Ondjaki. (2001) *Bom dia, camaradas*, São Paulo: Companhia das Letras.

Passos, José Luiz. (2009) *Nosso grão mais fino*, Rio de Janeiro: Alfaguara.

Passos, José Luiz. (2012) *O sonâmbulo amador*, Rio de Janeiro: Alfaguara.

Perez, Luana Castro Alves. "Técnicas de estrutura da narrativa," *Brasil Escola*, http://brasilescola.uol.com.br/literatura/tecnicas-estrutura-narrativa.htm (accessed May 2016).

Perrone, Charles; Dário Borim Jr.; and Célia Bianconi. (2014) *Crônicas Brasileiras*, Gainseville: University Press of Florida.

Polesso, Natalia Borges. (2015) *Amora*, Porto Alegre: Não Editora.

Queirós, Eça de. (1966) *O primo Basílio*, Porto: Lello & Irmão.

Queiroz, Rachel de. (2008) *Xerimbabo*, Rio de Janeiro: José Olympio.

Reis, Carlos. (1987) *Dicionário de narratologia*, Coimbra: Livraria Almedina.

Bibliography

Rocha Lima, Carlos Henrique da. (2006) *Gramática Normativa da Língua Portuguesa*, Rio de Janeiro: José Olympio.

Ruffato, Luiz. (2013) *Eles eram muitos cavalos*, São Paulo: Companhia das Letras.

Sabino, Fernando. (1981) *Para Gostar de Ler – Volume 4 – Crônicas*, São Paulo: Editora Ática.

Silva, Cidinha da. (2009) "Dublê de Ogun," in *Questão de pele*, Rio de Janeiro: Língua Geral.

Silva, Marina Cabral Da. "Enredo linear e não linear," *Brasil Escola*, http://brasilescola.uol.com.br/redacao/enredo-linear-naolinear.htm (accessed May 2016).

Squarisi, Dad; and Aríete Salvdor. (2004) *A arte de escrever bem*, São Paulo: Contexto.

Steen, Edla van. (2013) *Instantâneos*, São Paulo: Giostri.

Steen, Edla van. (2013) *Instantaneous*, tradução de David George, São Paulo: Giostri.

Stigger, Veronica. (2010) *Os Anões*, São Paulo: CosacNaify.

Telles, Lygia Fagundes. (2009) *Seminário dos ratos*, São Paulo: Companhia das Letras.

Therezo, Graciema Pires. (2014) *Redação e leitura para universitários*, São Paulo: Editora Alínea.

Therezo, Graciema Pires; Maria Inês Ghilardi-Lucena; and Maria Marcelita Pereira Alves. (2013) *Caderno de redações*, Campinas: PUC-Campinas.

Therezo, Graciema Pires; Maria Inês Ghilardi-Lucena; and Maria Marcelita Pereira Alves. (2014) *Caderno de redações*, Campinas: PUC-Campinas.

Therezo, Graciema Pires; Maria Inês Ghilardi-Lucena; and Maria Marcelita Pereira Alves. (2015) *Caderno de redações*, Campinas: PUC-Campinas.

Toda matéria: Conteúdos escolares, www.todamateria.com.br (accessed November 2017).

Torriente, Gaston F.; and Eduardo Zayas-Bazán. (1990) *Como escrever cartas eficazes*, Lisboa: Edições CETOP.

Vines, Juliana. "Pesquisa mostra que exercício em jejum queima mais gordura e levanta debate entre especialistas," *A Chata das Dietas: Os regimes da moda na balança*, *Folha de S.Paulo*, 4 May 2017.

Whitlam, John. (2011) *Modern Brazilian Portuguese grammar: a practical guide*, London and New York: Routledge.

Wisnik, José Miguel; and Paulo Neves. (2000) *Rio São Paulo*, Rio de Janeiro: Dubas Música Ltda.

Young, Robert. "Não confunda reunion e reunião!," *Folha de S.Paulo*, 27 August 2015.